親鸞思想に魅せられて

仏教の中の差別と可能性を問い直す

小森龍邦

明石書店

はしがき

部落解放運動の実践的課題の前に立たされて、この複雑な「人間なるもの」の関係性について考えさせられた。そして、人間の変革、差別性の克服がいかに困難なものであるかを思い知らされた。ついこの間まで部落解放運動における盟友だとばかり思っていた日本共産党が、全国的にわれわれの運動の前に立ちはだかり、時には反動勢力と組んで差別キャンペーンに狂奔するということにも遭遇した。街の資産家など保守的立場の人は、表向き上品に構え部落解放運動に理解を示す装いをみせながらも、内心は共産党のやることを支持する人もいた。

当事者であるわれわれ被差別部落民同士でさえも、さまざまな利害と感情が入り混じって、地域での闘いが統一的に取り組めないという困難にぶつかったりもした。

少し大局的立場に立てば、分裂的言動に走らなくてもよさそうなことでも対立し、分裂的雰囲気をかもし出す。このような状況をさして、私は「分裂訓練学校の優等生」と揶揄して、被差別の仲間にその克服を訴え続けてきた。いずれにしても人間社会における差別・被差別の関係、支配と被支配の関係は、その人、その集団、その階級総体の、構成員の人間力の優劣によって作られ、かつ持続されるものである。

私はそこに着目し、被差別者集団の人間力（主体の確立）を培うことが何より優先されると考えるようになった。もちろん、従来の融和主義的発想に基づく、差別される者の「人間的な劣性」に差別の原因を求めようとするものではない。部落差別は「市民的権利が行政的に不完全にしか保障されていない」ことに因果を発している。これを私たちは「部落差別の本質」としている。被差別者の生活・教育・文化等各般における低水準の現象は、常に本質に照らして分析しなければならない。

それにしても、その市民的権利の獲得に対する運動的実力の培養がなければならない。それゆえ私は、部落解放同盟中央本部書記長時代、運動方針の中に、「真に部落解放を実現するに足りる主体の確立」という文言を書き続けたのである。

主体の確立とは、人間のすぐれた自主的能力のことである。「対自的」自己コントロールの力量ということである。自己をみつめる力のことである。大脳生理学でいうところの、前頭葉の発達度合いの問題ということであり、その人間的訓練の問題であるということができよう。人間が外界世界、人間集団の外側の条件・雰囲気に振り回されるだけでは、弱肉強食の不条理が繰り広げられる。まさに、そこでは、地獄の修羅場が存在するだけということになる。

支配階級は支配階級なりに、お互いの利益を分け取りする仕組みを作り出す知恵を働かせている。彼等なりの「人間力」ということができよう。しかし、こちら側は差別のなせる業《わざ》とはいえ、被差別者・被支配階級の共通の利益を団結力によって勝ち取る力があまりにも足りない。

共産党などは、選挙の集票に有利だと思えば、猛然と部落解放運動に襲いかかるといった具合であった。部落解放同盟側も、それを「石を投げられれば、茶碗で受ける」といった状況で、社会状況の何が、共産党をそうさせているかを、冷静に分析する余裕をもたなかった。共産党も、差別のどん底にいる被差別民に襲いかかって、何も得るところはなかったし、部落解放運動の方も根深い差別意識を振りまかれただけで得るところはなかった。ただ表面的・皮相的にみれば、共産党的勢力が、ほぼ被差別部落からの反感によって一掃されたということだけであった。この関係はしばらくは続くであろう。まさに人民相克の悲劇というべきである。お互いに目先のことに判断がとらわれ、大局がみえなかったということになる。

宗教はその点について、懺悔とか内省とか、なお、感性の深い部分に迫る煩悩なる言葉をもって、表面的なことにはこだわらず、人間社会の深層部に迫る「智慧」を教える。この「智慧」をもつ人間でなければ、他の動物にはみられない、つまり自己コントロールのできる人間とはいえない。「真に部落解放を実現するに足りる主体の確立」ということにはならない。部落解放運動の次元に立って、私が宗教とりわけ仏教、わけても浄土真宗の親鸞思想から学びたいとしたのは、そのような意味からである。浄土真宗の宗祖・親鸞は内省、自省の人間力において抜群であるといえよう。

その一例を挙げてみよう。

「まことに知んぬ。悲しきかな愚禿鸞、愛欲の広海に沈没し、名利の太山に迷惑して、定聚の数に入ることを喜ばず、真証の証に近づくことを快しまざることを、恥づべし傷むべしと」(『教行信証』『浄土真宗聖典』二六六頁)

ここまで自己の内面をさらけ出し、内省・自省の表白(告白)のできるこの人の心境に魅せられてやまない。

「労働者階級の解放をめざして、共産党の活動に参加している者が、差別事件など起こすはずはない」という傲慢な心境(セクト主義)・革命家気取りの人間と比べて、「天と地」ほどの開きである。「主体の確立」というのは、「内省・自省の力」を培った人間像をいっているのである。私はそのことをさして「部落解放運動的人間像」と呼ばせてもらっている。

浅学非才、未熟な私にして、そこを体系的に、部落解放運動の理論として、人々に示すことは、とても困難で大きな仕事である。

だが幸いにも、親鸞の思想・人生観との出会いがあった。親鸞の名文・名口調に惹かれるという点もあったであろう。

中国(明)の王陽明の名言に「山中の賊を破るは易く、心中の賊を破るは難し」というのがある。主体的であることの難しさをいったものである。要は人間がいかに主体的であるかによって、ものごとは動いたり、動かなかったりしていくのである。注意してこの際、学習を深めておかなければならないことは、この「主体」のとらえ方において、浄土真宗の場合は、弥陀の本願力を「自力」に対する「他力」によるものと規定して、これを信仰するというものである。したがって、「自力」の否定を説き、往々にして、ここでいう「主体」と「自力」を混同し、思想的一貫性を失うということである。

そのようなことがあるから、このポイントを、深く深く考察しなければ、「他力」と「主体の確立」と「自力修行」を概念において混乱し、時として衝突させることがある。その難しさのゆえに、「主体」ということと「自力」ということの論理的検討を避けて通ろうとする場合がある。

どうしても、人間は「主体的」でなければ、ものごとの「けじめ」がつかない。私は、部落解放ということと人間解放ということは、究極において一つのことであると考えている。だから人間がいかに主体的であるかが決定的なことだと思い、「変革」のために問い続けているのである。本書が、そこに何ほどかの一石を投ずることができれば、このうえもない喜びとするところである。読者・諸姉兄氏のご批判とご教導を望んでやまない。

著者しるす

親鸞思想に魅せられて——仏教の中の差別と可能性を問い直す◉目次

第1章　私にとっての宗教的体験

幼き日の宗教的体験

私が小学校二年生・八歳のとき、一軒の家に住んでいた兄弟同然、一つ年上の従兄弟・敏光が、一晩の患いで急死という事態に出くわした。敏光はその日、学校帰りに、友だちと野辺に生っている桑苺を採って食べたようである。学校からわが家に直行して帰っていれば、そんなことには遭わなかった。一九四〇年（昭和十五）のことである。太平洋戦争のはじまる前年のことであった。すでに医薬品は欠乏し、田舎町のかかりつけの医者では、治療方法は分かっていても、手の施しようがなかったのであろう。敏光は四〇度以上の高熱に侵され、見守る親族はなすすべもなく、ついに明け方になって、その幼い命は絶えてしまった。後日、大人の話から「疫痢」が原因であったことが分かった。

「疫痢」とは「子供、特に幼児の急性伝染病」(『広辞苑』第五版)病気であった。

あのころは、まだ蚊帳を吊って寝ていた。夜が明けて、蚊帳をはずしながら母が「敏光が死んだ」と泣きながら、私に訴えるような言葉を発した。私はこのとき「命のはかなさ」を腹の底から思い知らされた。「昨日まで、あれだけ元気で遊んでいたのに」。それから私の脳裡は、「もう一度元気な姿で会いたい」という気持ちで、夜となく、昼となく想い続けるようになった。いまは、この世に亡き敏光のことを、「いまどうしているだろうか。もう一度だけ話しをしてみたい」「今夜の夢の中でもよい」と思い続けた。「夢の中でも」というのは「生と死」の次元の異なるところに彼は行ってしまったという、否定できない事実の承認と同時に、幽明次元を異にしていても、夢の世界ぐらいでは魂の交流ができるのではないかと思ったからである。幼稚といえば幼稚な思いであるが、私の人生にとって、初めての「生と死」のことを考える宗教的体験であった。彼との突然の別れがあってから、この七十三年間、ついに一度も「夢の中での再会」は実現しなかった。

人間というものはこんなにはかないものか、あらためて忽然と姿を消した彼が私に、どれほどこの世の「無常」を味わわせたことか……。

当時私は、彼が急性の「疫痢」にかかったのは、放課後、友だちと一キロぐらい離れた山中に遊びに行き、付近に自生していた桑の実(われわれは子どものころ、これを「桑苺」といっていた)を食べ、その桑苺に急性の疫痢を起こす細菌類が付着していたのではないかと思っていた。

私は、敏光が桑苺を食べたと思われる日の夕刻、母が内職で作った下駄表の草履を納品するため、部落内にある、つい百メートルほど離れた問屋に向かっていた。もう薄暗くなっていたように記憶しているが、敏光が、いかにも疲れた様子でポッツリポッツリと歩いて、我が家に向かっているところをみた。

一年中で一番日の長い初夏（六月初旬）のことであった。夕刻七時半は過ぎていたであろう。それでも、彼の顔面が蒼白であったことは、はっきりとこの目に焼きついている。やっと歩いているといった格好であった。「どうしたんなら」「しんどいねぇー」「早よう帰って寝にゃあいけんど」「うん」。これが彼と私の今生《こんじょう》の別れの会話となった。翌朝、目が覚めたら彼は物いわぬ人となっていた。「悲しい」「残念」「胸が張り裂けそうだ」。地団駄を踏んで私は泣き叫んだ。彼は仏壇の前に白い布を顔にかぶせられ、寝かされていた。

私の思いは、ここからまた新たな展開がはじまった。このころの子どもの遊びに「カード返し」（メンコ）というのがあった。カードを地面に置き、もう一枚のカードをその近辺にうまく風を起こすべく叩きつけるもので、その微風によって地面に置かれたカードが裏に返れば、そのカードは、自分のものになるという遊びであった。学校はこの遊びを、賭博性があるとして半ば禁止していたが、子どもらは学校から帰り、二人、三人と寄ればやっていた。この遊びで勝ち進み、自分の手持ちのカードが五十枚、百枚と増えるにしたがって、友人間ではちょっとした「顔」になれるという雰囲気ができてくる。つまり遊び道具の「富者」といったところである。

私と敏光は、学校から帰ると、よくこの遊びに興じていた。そして、少し小賢《こざか》しかった私が、この遊びでは、たいていの場合、敏光のカードをまきあげていた。このカードにはさまざまな挿絵が刷られていて、学校の授業には出ないような、歴史的知識を養うことにも役立っていた。

例えば、江戸時代の強い力士で有名な雷電為右衛門（一七六七〜一八二五、信濃の国の出身、松江藩のお抱えによる「士分力士」）。また、鳥居強右衛門（「強右衛門＝すねえもんと読む」一五四〇〜一五七五、剛勇・忠義の人。天承三年の長篠の戦いで、奥平家の家臣であった彼が、敵に捕らえられて荒縄で縛られているところなど）が記憶に残っている。

もし、敏光に、私が勝ちっぱなしでなく、勝ったり負けたりという状況であったとしたら、あの疫痢にかかった日、他の友だちと遊びに行き「桑苺」を食べなかったであろうと私は深刻に考えた。つい昨日のあのカード一枚を、私が手にしたときの彼の不快さが、放課後の足どりを「桑苺」に向けさせたのではないか。彼の死の原因は、昨日の私と彼の遊びの中にあったのではという思いが、私の脳裡を駆けめぐり、いたたまれない思いに駆られるのであった。私は、従兄弟の死という事実を自己の所業と関連づけて、責任というか、心に痛みを感じていた。

従兄弟の死から親鸞思想へ

長じて、親鸞思想に出会った。

『歎異抄』に有名な文章の一説がある。「卯毛・羊毛のさきにゐるちりばかりもつくる罪の、宿業にあらずといふことなしとしるべし」（『浄土真宗聖典』〈以下『聖典』〉八四二頁）。もちろん私は、この「宿業」なるものを、伝統教学にいう「前生の業」だとは、受け止めてはいない。極端にいうと、人類総体が、幾百万年もの間、作りに作りたる業（人類の歴史的営み・行為）といった「社会業」（共業《ぐうごう》）と考えている。そのうえで、親鸞の「卯毛・羊毛……」の論理は腹の底から頷けるのである。

私は、人間の「脳の働き」とか、生物としての「人間の性質」を、部落解放運動や宗教論との関係で関心をもつようになった。あるとき『生命と偶有性』（茂木健一郎著）を、興味をもって読んだことがある。そのとき哲学・生命科学にいう「偶有性」の意味するところを読んでいた。そこで、次のような文章に出くわすこととなった。

「中国で一羽の蝶が（専門家達は、実は『二頭』と数えるのであるが）羽ばたくかどうかで、メキシコ湾でハリケーンが発生するかどうかが左右される。このような『初期状態依存性』を持つ『カオス』と呼ばれる問題は、偶有性を理論的に整合性のある形で、論じようとするときに有力な概念的ツールとなる」（同上、二〇～二一頁）

『歎異抄』にいう「業論」がらみの微小な自己責任というか、自己とのかかわりを考えさせられたのは、私と従兄弟・敏光の人間関係の深さからであろうか。『歎異抄』を読むに及んで、幼少のころの私の死生観、それにまつわる責任感は、ある程度哲学的であり、人間学的にいっても、「主体的」であったと、自己評価するに及んだ。それに加えて、『生命と偶有性』に書かれている「蝶一羽」の文章は、さらに私の宗教的感覚を深めてくれたように思う。

少年のころ、私は、俗にいうあの世（地獄・極楽）が現実に存在していると思っていた。敏光が、死後の世界の地獄に堕ちているのか極楽で救われているのか不安でならなかった。子ども心に供養をすれば、いずれであろうが、あの世における苦しみをとりのぞくことができるのではないかと思った。毎晩、家族全員で『正信偈《しょうしんげ》』や蓮如の『領解文《りょうげもん》』を読誦した。その功徳で、死者は一時でも鬼の責め苦から解放されるといった、子ども心の勝手な解釈からであった。

敏光は仏教でいう慈悲心の非常に厚い少年であった。冬の寒い日、戦争中のものの乏しいあのころのこと、子どもに足袋や手袋を買ってあてがうということは、すべての家庭でできるという経済状況にはなかった。敏光は友だちが「しもやけ」になっているからといって、自分の足袋を脱いで、はかせるといった慈悲心（友情）の深い人間であった。「善因善果」という因果の理法からいうと、極楽にいるであろうと思うこともあるし、もしや、私の知らないところで何か閻魔の悪い判決を受けるようなことをしていれば、しっかり供養しなければという、まことに単純な考えであった。

母は父の放蕩によって、さんざん苦労をかけられていた。父には一九二七年（昭和二）の徴兵検査で廣島第五師団に入営以来、太平洋戦争の終結まで実に八回の「赤紙」による召集令状が舞い込んでいる。よく戦地で死なずに帰ったものだと思うが、廣島第五師団の船舶工兵とやらで、敵前上陸の段取りをする任務の大隊に所属していたようである。

記録（『陸軍兵籍簿』）には、「昭和十二年七月召集」「工兵第五大隊第三中隊」と記されている。「昭和十二年十一月　杭州湾金山付近敵前上陸及び戦闘に参与」とある。私の記憶では、昭和十二年のこの召集が、父を天皇制権力が引っ張りまわした最後のものと思っていた。しかし、入念に『兵籍簿』に目を通すと「昭和十五年四月一日勤務演習で召集」「昭和十六年十二月八日　秦国マレー・シンゴラ敵前上陸」「昭和十七年五月三十日急性ロイマチスの疑いの為、廣島陸軍病院に入院。七月二十一日事故退院。同日、所属隊・帰隊」、「八月十日召集解除」となっている。さらに「簡閲点呼」というのが、昭和六年、昭和八年、昭和十年と記されている。父は兵役の義務に追われて人生をバラバラに中断されたようなものだった。母は夫婦で子どもを囲んだ一家団欒を味わえなかった。

奇異に感ずるのは、「昭和二十年二月二十六日臨時召集のため船舶工兵第六連隊補充隊に応召のところ即日帰郷」というものだ。このころ、父は大手の建設会社・西松組の配下として、舞鶴市の方で海軍工廠に関係した土木工事にかかわっていた。軍は身勝手なもの、一旦召集をかけていて「即日帰郷」とは、ほかならぬ軍自体の都合によるものであった。

かつて、広島三区選出の代議士・宮澤喜一（首相にもなった）が廣島第五師団に召集され、原爆投下の数日前に、召集解除となって大蔵省に帰ったと伝えられている。ために、彼は原爆に遭わず命を永らえることができた。この人の父は、宮澤裕（戦前代議士当選五回と聞いている）で、母方の祖父・小川平吉は加藤高明内閣、その後の田中義一内閣で閣僚を務めたような人物である。政界、官界が裏の手を回したのではないか、そうして、原爆の被災をまぬかれたと、結果論であるが、私はそういう歴史認識に立っている。

母は、毎朝の食事の前に私と弟の二人に、必ず廊下の雑巾がけをさせた。そして仏壇に灯明をあげることを実行させた。その際、私と弟は蓮如の「末代無智の在家止住の男女たらんともがらは、こころをひとつにして阿弥陀仏をふかくたのみまゐらせて」（蓮如『御文章五帖』）を詠むことにしていた。もちろん、書いてある中身は、何のことか全く分からないままであった。母は決まって「稽首天人所恭敬　阿弥陀仙両足尊　在彼微妙安楽国　無量仏子衆囲繞」（『十二礼讃』）を早口に詠みあげていた。いまにして思うことは、母が浄土真宗の教義を深く領解《りょうげ》していたわけではあるまい。ただ現実の不幸せを紛らわせる「心の安心《あんじん》」だけのためではなかったろうかということである。夜の十時、十一時の深夜に至るまで、私たち二人の息子の枕元で精を出して草履を編んでいた。つい漏れるため息のあと、「私はどうして、こんなに業が深いんかのう」と嘆いていた。

父は兵隊にとられている合間のほとんどを旅（出稼ぎ）で暮らしていた。軍の関係の土木工事の親方として働いたが、一家の生活を顧《かえり》みなかった。母は二人の息子の親として、女として、苦労のしっぱなしであった。身と心を癒す隙間はほとんどなかったといいうるであろう。「宗教は阿片なり」とは、マルクスの言葉である。しかし、母の日常的な諦めによる、その日暮らしの稼ぎによって、私と弟は、途中これという事故もなく成長していったのである。信心・信仰（その内容に深浅の差はあっても）というものは、とりあえずの生きる活力・エネルギーとして働くものであると思わされている。

「浄土」というのは、「高度な概念的次元の観念における存在である」と広島県の同朋三者懇話会（『過去帳』差別記載事件を契機に、部落解放同盟広島県連合会、浄土真宗本願寺派安芸教区、備後教区の三者で「部落差別と真宗教義」を議論する組織で、一九八八年からはじまり今日に至っている）では意見の一致をみている。後にふれるが、そのことが生きるエネルギーという実際的効果をもたらすことを含むことも付言しておかなければならない。

第2章　人生を考える青年期の思索

親鸞思想との出会い

私は、青年期（高校時代）、縁あってマルクス主義の文献を読む機会に恵まれた。人間の思想というものは、客観的世界の動向によって規定される。基本的な枠組みからいうと、支配階級は己の利益のために、被支配階級を搾取することをあたりまえとする思想をもつ。被支配の立場にあるものは、自分たちの生活擁護のために、支配階級の思想に対立するといった基本構図を、頷いて受け入れた。自分自身が被差別の立場に生まれ合わせているということを成長するにつれて明白に知るようになると、反差別・反権力の思想をいっそう強く抱くようになっていった。

そういう意味では、そのような縁を触発してくれるような、部落解放運動の先輩が身近にいたことは幸いであった。

いかに「青雲の志」を抱こうが、そこにはだかる部落差別というものを、どのように克服するかという人生の課題の前に立たざるをえなかった。スターリンの『弁証法的唯物論および史的唯物論』、マルクスの『賃労働と資本』、エンゲルスの『反デューリング論』、レーニンの『帝国主義論』、毛沢東の『矛盾論』『実践論』など、まさに「目から鱗の落ちる」ような気持ちで読んだ。それは部落差別の現実と差別観念との関係性において、どちらがより根本的存在であるのかという、答えを鮮明に引き出すうえで、大いに役立った。

しかし、さまざまな社会矛盾の中で、人間個々がどう立ち向かうかということについては、近世における部落の成立（人間疎外の状況の中で、いかに無抵抗であったか）ともかかわって、人間のもつ大きな課題を解決してかからねばならないと思うようになった。つまりは、「人間のありよう」にかかわる思想の確立が、不可欠の要件であると考えるようになった。

そのことに大きなヒントを与えてくれた恩人のような人がいる。それは戦後の混乱期に観念論哲学から唯物論哲学に大きな放物線を描きながら、思想の変革を遂げた柳田謙十郎という哲学者である。私は、『唯物論と観念論』『わが思想の遍歴』『現代の良心』『人生論』など、この人の著作に傾倒した。

私の苦悩は、激動する時代をどのように分析するかということももちろんあったが、青年時代の誰もが一度は志す、より大きな自己実現（「少年よ大志を抱け」の類）について考えるようになっていた。

考えてみれば、自分の足もと（生活の現実）は、自己実現、世の中に大きく羽ばたくといっても、自分の通っている高校の授業料さえろくに払えないほどの現実であった。わが家の母一人の働きによる生活は貧窮の極に達していた。志を立てるといっても、一人の人間としてかぼそく生きる以外に途はないというのが現実であった。高校卒業後の進路も、全く定まらないという状況であった。そのとき読んだ本の中に前掲『人生論』があった。

この本の見開きに書かれていた次の言葉に、まず心を奪われた。

「われ庶民の一人として生き、庶民の一人として死なん」。当時すでに柳田謙十郎は、有名なある大学の教授という立場にあった。この世に生を受けて、あくせくと地位と名誉ばかりを求める生き方に、嫌悪の情を示し、すすんで「われ庶民の一人として生き、庶民の一人として死なん」というのである。その立場を積極的に肯定する、このことに私は前途に大きな光明をみつけ、感動を覚えた。

このとき柳田謙十郎の説明が、二つほど添えられていたように記憶している。その一つは、この人が台北帝国大学（台湾が日本の植民地であったころ）の教授をしていたときの回想である。学問のことに専念しなければならないはずの大学において、やれ学部長の選挙だとか、学長の選挙だということになると、そこに地位と名誉を求めようとする、人間の醜い争いが展開される。「およそ、知性ある人間のやることとは思えないような醜い姿をみた」というのである。

この醜い学界の姿を柳田謙十郎は、「煩悩具足の凡夫、火宅無常の世界は、よろづのこと、みなもつてそらごとたはごと、まことあることなきに、ただ念仏のみぞまことにておはします」（「歎異抄」後序『聖典』八五三〜八五四頁）という親鸞の言葉で表現していたのである。

私は、高校を卒業するころ、その言葉の深い意味を知らなかった。ただこの世の中は矛盾だらけで真実に生きることが難しいということぐらいにしか読み取っていなかった。真実の通らない世の中にあって、地位や名誉を得たとして、そこに何の価値が認められようか、というぐらいの認識であった。

高校のクラスメートのほとんどが、大学受験のことで興奮状態であった。私の通っていた学校は、田舎なりに一応の進学校であったことから、クラスメートのほとんどが進学した。それが叶わぬ私は、自分を次第に庶民の一員として生きるところに生涯の生きがいを求めようという気持ちに落ち着かせていった。

親鸞のいう「嘘の世の中」に、いかなるものを真実とし、価値として認めるかということについて柳田は、次のようなエピソードを紹介していた。

ある北欧の国の少年に、「君は大きくなったら何になりたいか」と聞いた人があった。その少年は、すかさず答えた。「ブリキ屋の職人になりたい」。「なぜブリキ屋の職人を希望するのか」と問い返してみると、少年は「父がブリキ屋だから。この村には一軒しかブリキ屋がない。私がそれをやらなかったら、この村の人が困るから…」といい、続けて少年は「この国で一番腕の立つブリキ屋の職人になりたい」と胸をはってみせたと。「末は博士か大臣か」というような価値観に立っていなかったわけである。
人々の役に立つ、しかも無駄な競争はしない、といった人間の生き方としてこの少年の姿を、柳田は『人生論』の中で紹介していた。「われ庶民の一人として生き、庶民の一人として死なん」という思いが、私には解ったような気がした。部落解放運動の先頭に立って、さまざまな社会的事件に遭遇したが、『歎異抄』のここに引用された「ただ念仏のみぞまことにておはします」というところを、私なりに領解できるようになるまでに二十年はかかった。

私の念仏領解というのは、一口で表現するとすれば、親鸞の『御消息』(十四)「自然法爾《じねんほうに》の事」(『聖典』七六九頁)の「弥陀仏は自然《じねん》のやうをしらせん料《りょう》なり」の丸ごと肯定である。さらに念を押すように引用するとすれば、「忍力成就して衆苦を計らず。少欲知足にして染《ぜん》・恚《い》・痴《ち》なし」(「教行証文類　信文類三」『聖典』二三二頁)ということなのである。

モンテーニュの『随想録』でも

私は素晴らしい著書との出会いに恵まれた。さらに柳田の思想と同じように目の醒めるような文章を、モンテーニュの『随想録』にみた。記憶によると、「私は運命のどこに連れて行かれようとも、そこで善処する人間でありたい」、「私は大工さんとも、石工さんとも、法律家とも、学者とも、そこで談笑のできる人間でありたい」という内容であった。前者からは、どんな運命にも挫けずに生きていくぞといった気概を読んだ。後者の文面からは、積極的な庶民主義の気分を読ませてもらった。私の少年時代というか、青年時代に確立した人生観は、いまもそのまま続いている。

仏教にいう「諦観」の水準で生きていかなければならない。「諦観」というのは、単なる「諦め」というわけのものではない。当面する現実・所与の条件の中にあって、人間がいかに努力して、困難な局面を打開していくかということである。

しかし、いくら、努力、努力といっても、できることとできないことがある。実現不可能なことは、必然の動きに任して、できることに全力投球をするというのが、この教えである。「諦める」ということは語感からしても、「明らかに観る」に通じているということが解るような気がしてきた。

人間は身の丈一寸も、自分の意思によって伸ばすことはできない。背の届かぬ棚に置いてあるものを取ろうとするとき、不可能なこととして断念するか、それとも、そこらにおいてある椅子でももってきて、そこに上がって手を伸ばすかということの違いである。「諦観」はここまで考察してくると、人生の積極的生き方・行動・実践を想定したものということになるであろう。伝統教学にいう「宿業」を受容して、何ごとも前生からの因縁（約束事）と諦めること以外に考える余地も行動の余裕もないという退廃的なものではない。

さきに私は、同朋三者懇話会で「浄土は高度に考え出した理想郷だ」といった。それはどこまでも観念の次元のことである。その観念のゆえに「エネルギー」を湧出させて生きる人間の行動というものがあることも否定できないともいった。人間は観念的に、その心的働きがそこまで進化した動物だということになろう。ここに人類の知的進化が宗教的信心をもたらす歴史的過程があったと分析することができるのである。「天国」と「浄土」を同一視することはできない。前者は、「全知全能」の神の存在が前提であるし、後者は、究極のところ「自然的存在」の中にある法則を「弥陀の誓願」と概念化しているからである。「浄土」という理想郷を想定してこころみた高度な観念を、親鸞は概念化して「弥陀仏は自然のやうをしらせん料なり」と述べたものと私は領解している。

第3章　私の親鸞理解

自分の生きる現実をみる

「私の親鸞理解」とは、少しおおげさな見出しの付けかたをしたという感じである。親鸞思想に心酔していることは事実であるが、「どういうところに心酔しているのか」と、自己に問いかけるから、いまの教団に疑問を抱くし、異論も唱えるのである。そう考えると、私には私なりの親鸞思想の領解というものがあってしかるべきだと思う。

私が最も親鸞に魅かれる言葉は「さるべき業縁のもよほさば、いかなるふるまひもすべし」（『歎異抄』十三『聖典』八四四頁）という「縁」の思想である。部落解放運動において、そこに展開される、さまざまな人間像に思いをいたすとき、特に「縁」のことを痛感せざるをえないのである。「縁」は、自己にとっては「他在」のものである。いうなれば、自分にとっては「所与の条件」である。人間は必ずしも、この「所与の条件」に左右されるばかりのものではない。それを克服して、苦難の道を乗り切るすべも知っている。だが大概の場合、「縁」「所与の条件」に押し流される。いな、押し流されるというよりは押しつぶされる。戦時の神風特別攻撃隊に編入された学徒兵の歴史との遭遇の悲劇は、彼らの残した手記『きけ　わだつみのこえ』を手に取れば、すぐ分かることであろう。自分の意思とは関係のないところで、戦時体制のきびしい状況に押し流され、ついには、片道の燃料だけ積み込んだ戦闘機で、敵艦に体当たりをして、前途洋々の青春を果てたのである。

この「縁」ということを考慮に入れて、人生も社会も人類の未来も分析し、見定めなければならない。人間というものは愚かというか、か弱いというか、「所与の条件」によって、いかようにも生き方（人生のありよう）が変化するものである。それは、「心ならずも」という場合もあろうし、軍国主義・ファシズムに政府が旗振りをすれば、付和雷同で振りまわされることもある。私自身も経験（記憶）があるが、末は「陸軍大将」を夢見て（少年志願兵のごとく）戦場にかりだされた若者のようにそこには何の「主体」（自分の意思と思わされていても、実は「縁」によって、仮想・虚偽のものが形成される）も存在しないのである。少年時代の自分のありようを思い出す。まさに「木偶《でく》の坊」のような少年時代もあったのである。後に三、四年戦争が続いていたら、運命はどうなっていたか分からなかったであろう。

「縁」というものはそれほど人間の意思に反して生死を分けるような、大きな影響をもつものなのである。

「卯毛・羊毛のさきにゐるちりばかりもつくる罪の、宿業にあらずといふことなしとしるべし」（『歎異抄』）は、さきにも引用しているが、最近の世情をみると、つくづく感じさせられるところがある。

「線路に飛び込みか高二男子が死亡」「二輪の女子大生衝突死免許取ったばかり」「出雲の温泉女湯の天井落下十人入浴」「日本刀抜き土下座強要　九電の社員に」（以上は国内ニュース）。「ロシア製空母インドへ引き渡し中国を牽制」「北朝鮮がスキー場建設金正恩氏が発案？」「出会い系サイトが浸透五年で利用者三倍米国」「米中学校で乱射教師一人死亡男子生徒自殺」「トイレ足りず大勢が路上で北京マラソン」「日本が核不使用共同声明に参加」「日本大使館員の国会傍聴を拒む韓国。靖国参拝日本の内政ではない中国外務省」（以上は国際ニュース）

これらは、二〇一三年十月二十二日の携帯電話にみる「国内外のニュース」である。どれもこれも、実にドロドロしたものといわねばなるまい。今日の汚染し、汚濁に満ちた世相を示すものである。「煩悩具足の凡夫」の人間の運営する社会であり、そこで行われる政治・経済活動のなせる業である。

しかも、そのイニシアチブは階級支配の貪欲な資本家とそれに連なる反動、保守政治勢力が絡んでいるからに他ならない。

こういう状況を、仏教者はどうみるべきか。ここに端的に共感できる文章がある。

「『仏説無量寿経』というお経の中で、お釈迦さまが人間の五つの悪（五悪）を説いている中に、第一の悪として『強者伏弱《ごうしゃぶくにゃく》』（強《こわ》き者は弱きを伏《ふく》す）ということが挙げられています」（四衢亮《よつつじあきら》・真宗大谷派高山教区不遠寺住職『同朋』二〇一三年十月号 八頁）

「近代社会は、『無限』という概念を前提にしてスタートしています。中世のヨーロッパでは、私たちが住んでいる地上の世界は、果てがある有限の世界だと思われていました。しかし十七世紀になるとガリレオやライプニッツ、ニュートンといった科学者・哲学者が登場し、地球は無限の宇宙の一部ということになって、以後、近代社会は『無限の空間』を前提にして発展を続けてきたわけです。最初にお話ししたように、資本主義は絶えず外へ外へと市場を膨張させないと成り立たないシステムです。コロンブスの時代なら、インドに行こうとしてたまたま新大陸を発見するといったことがありました。しかし、現代はアフリカですらグローバル化が進む時代です。もう地球上にフロンティアは残されていない。あとはもう宇宙人と交易を始めるぐらいしか発展の余地はないのです」（水野和夫・日本大学国際関係学部教授、同上、九頁）

この二人は真宗大谷派の出版物『同朋』二〇一三年十月号において「『経済』を考える」という対談の中で、社会のひずみということが「より速く、より遠くへ」と無限な市場を求めて、貪欲のかぎりをつくしていることが、人間社会の混乱を招いている、といっているのである。親鸞思想に近づけば近づくほど、現実社会の矛盾に気づかせてもらうのである。なぜなら、「卯毛・羊毛のさきにゐるちりばかりもつくる罪の、宿業にあらずといふことなしとしるべし」と諭されているからである。浄土真宗の「縁」の思想について、教団と地方の各寺院における僧侶たちが間違いを起こすのは、この「縁」というものを、社会性をもって領解しえないところにある。しかも、その非社会性で本当の親鸞思想に近づけないつまずきは「宿業論」における勘違いによるのである。

私はこの「縁」の思想と、「宿業の思想」との正しい位置関係をかねてから主張してきた。

宿業を考える

伝統教学のこれまでの理解では、「宿業」を単純に「三世因果《さんぜいんが》」の感覚で受け取っていた。すべてのことは、「縁」によって左右されるということは、近世以来の合理的判断の基準として、容易に頷《うなず》けるものである。

その「縁」なるものに、前生からの「宿業」に大きくウエイトのかかった判断が加わるとしたら、それは、現生を生きていく人々の目標とか希望を、全く合理性のないものにしていくであろう。

これまでの伝統教学は、そこを平然と通り抜けて、人々の幸・不幸ということに、本当の意味における「大慈大悲」の感覚を欠落させていた。

これは、今日の教団の主流派というか、多数派において、いまもなお、正面から指摘されると、あたふたするところである。

例えば、長崎県佐世保市における出来事であったが、小学校六年生の女児が同級生の女児を、ちょっとしたいさかいで殺害したという事件（二〇〇四年）が起きた。そのとき、本願寺派元教学研究所長の石田慶和という人が、この事件を「それは過去世からの約束事だったんだ、としかいいようのないことです」といった。その講演記録をわざわざ印刷して、人々の教学材料にしていた。

私は、この非仏教的＝真の「宿業論」にかなっていない発言の問題性を『中外日報』（二〇〇七年十二月一日）において指摘した。

教団事務局の然るべきポストにある人の呼びかけで、私は石田師と面談する機会を得た。石田師のいわんとするところは、「仏教というものから三世因果の教えを取り去ったら、仏教というものの存在意義はなくなる」というものだった。

このつぶやきにも似た石田師の見解を、私は深く追わなかった。「『過去世からの約束事』というなら、今日の被差別部落民は、いかなる前生における問題があったからでしょうか」とだけ問い返した。石田師は、か細い声で「被差別部落の問題は、全く現生の問題ですから……」とつぶやき、答えに窮していた。

そこからは、もう私は、このこと自体については触れなかった。浄土真宗の開祖・親鸞の思想を現代的に認識し、領解してもらわねばならないという一定の雑談まがいの会話で済ませた。

この面談には、不二川公勝宗務総長（当時）、上山大峻元龍谷大学長らも同席していた。「宿業」の問題というのはこのように、教学研究の最高レベルにある人でも、その不合理を整理できないままである。

「三世因果の教えを取り去ったら、仏教の存在意義はなくなる」といわれた石田師のつぶやきには、私も多少のコメントを加えなければならないが、その根本的理念には同意するものである。

しかし、何でもかんでも、単純な「前生からの因縁」という図式に当てはめて考えることが、いかに親鸞の思想を過てる方向に動かしているかを考えねばならない。

「卯毛・羊毛のさきにゐるちりばかりもつくる罪の、宿業にあらずといふことなしとしるべし」ということだから、長崎のあの事件を「宿業」と考えることに異論はない。だが、「宿業」というものの扱い方が問題なのである。

かつて、浄土真宗本願寺派が、この「宿業」ということの解釈を、現実に展開されている部落解放運動（「前生の因縁」ということで、現生の問題を考えてはいけないとする論理）に整合性をもたせようとして、原始経典の『スッタ・ニパータ』の中から、「バラモンは生まれによってバラモンなのではない。バラモンは行いによってバラモンなのである」というところを引き合いに出して、「身分差別」（生まれながらの差別）を教学は肯定するものではないと、教団の出版した『差別問題と業論』（同朋運動本部）に書いた。

この『差別問題と業論』の最大の論理的欠陥は、『スッタ・ニパータ』の身分制を否定したようにみえる「偈文《げぶん》」を単純に日本の部落差別に当てはめて、原始仏教の時代には、過ちを犯していなかったと主張したところである。

私は、拙著『業・宿業観の再生』（解放出版社）の中で、このことを指摘し、釈尊の時代に説かれた『スッタ・ニパータ』の真意を私なりに補足し、今日に適合した解釈を明らかにして、この原始経典を肯定した。

もう一つ、『差別問題と業論』の過ちは、部落解放運動の逆鱗にふれることを回避しようとして、「たとえ一パーセントでも〇・〇〇一パーセントでも、前生の業が現実の人間社会のゆがみに関与しているると考えるかぎり、それはゆがみを正当化し、これを温存することに、力を貸す論理でしかありえないのである。この世におけるすべての事象は一〇〇パーセントこの世に原因がある」と書いていた点である。

これでは、石田師のいわれるように、「三世因果」を取り去った宗教論は、もはや仏教＝浄土真宗ではありえないと、嘆かれるところに軍配を上げざるをえない。

私はかつて、道元の曹洞宗との教義にかかわる交渉において、「三世因果」を問題としたとき、曹洞宗の教学研究の責任者格の人から「部落差別は前生の因縁ではない」と言い切られた場面に遭遇したことがある。

そのとき、「しからば、道元の『正法眼蔵』の中にある三時業の教えをあなたは否定するのか」と、ややからかい気味の反論をした。からかい気味というのは、日本の仏教界が真宗のみならず、曹洞宗のような理論性の高い主張をもつ宗派においても、「三世因果」の宗教的理念を右にもするし、左にもするというそのときどきに揺れ幅がひどすぎると思ったからである。

そのとき、教学研究の責任者格の人が、「そこまでいわれるなら（おそらく、そこまで深い次元で議論するならという意味であろう――筆者）前生からの因縁といわざるをえない」と答えられた。

「前生からの業」（宿業）が、今日を生きる人々の生活に重大な影響をもたらしていることは、親の収入によって、有名校に合格する率が違う（幼少のころから、塾や習い事に、親がどれほど金をかけるかによって、その運命のごときものが決まる）ということを考えても明確である。学歴の身分差別というべきものである。

いまでは資本主義のゆがみによって、身分階層のごとく経済格差が親から子へ、子から孫へと世代を重ねて引きつがれていくのである。

「宿業」を、過去世から引き続く現生の問題として考えるなら、「現生において、その解決に取り組むべきもの」という、仏教の本当の意味を領解しなければならない。

私の考える「共業《ぐうごう》」について

私は、この「宿業」の恐ろしさを、被差別部落民として生まれ育っていく過程の中で、いやというほど思い知らされた。単純な図式における「三世因果」には、強く抵抗しつつも、自分の身にふりかかっている、親代々からの「しがらみ」（人々の蔑視感）は、やはり「三世因果」の教えの図式の中で理解できるものと考えるようになった。しかし、世間は、この「三世因果」のことを、「前生」から「現生」につながる、生きものとしての個体の連続・継続を前提として、今日的な言葉でいう「自己責任」のようなものとしてとらえている。仏教は被差別部落や女性（仏教では女人といってきた）、障がい者（「根欠《こんけつ》」と天親《てんじん》の『浄土論』の中ではいっている）など、他人の不幸と、あわせて己れの煩悩から出てくる差別感情、醜い蔑視感を輪廻観によって説明してきた。

現実の差別社会の中での、煩悩に災いされた、精神的・観念的扇動によって差別感情を激しく記憶している人々に対して、これを仏教的精神状態に立ちかえらせていく、伝道的教義というものが必要である。

私は、「共業《ぐうごう》」という言葉を、中村元の『佛教語大辞典』で知った。そして、この言葉を熟考してみた。「万人に共通な、万人に一様に現れる業」「また万人が共通してつくる善悪の業。その結果として、苦楽の果報を感ずることがまた共通である。山河など自然の環境世界（すなわち依報《えほう》）をいう」とあった。

部落差別というものは、仏教の指摘する人間の煩悩性につけ込んだ分裂支配政策である。「上みて暮らすな、下みて暮らせ」といった搾取の効率化をめざす政策によるものであった。したがって、日本における江戸幕府のような権力の長期化と、その安定的時期には、権力の思うままの人民支配が貫徹され、徹底した分裂支配政策として、「士、農、工、商、穢多、非人」の六階制身分差別というものが仕組まれてきた。ここには差別を仕組む者がいて、差別させられる者がいて、差別を受けて苦しむ者がいるという構図が存在する。この社会構造が何百年も続き、一定の地域において、「土地勘」をもった者同士として、差別、被差別の関係を繰り返してきたのである。

親代々であるから、現在を生きる者は、「前生」以来ということになり、その「前生」からの由来を引き継いで、苦しみに喘ぐということになる。私は「前生」観を、こんな具合に考えているのである。

そして、煩を避けるために簡単に述べるが、「部落差別は支配階級によってこの構造が作られ、そして人々があやつられ、これを運用してきた万人の『共業』である」と思ったのである。ときあたかも、「同和対策審議会」答申は、部落差別の解決を「国民的課題」といい、その解決は「国の責務」だと規定したのは、「共業」的責任という意味で、この「共業」論とマッチする。宗教界も、私の主張する「共業」論にあまり大声で反論できないという状況であった。

そのころ、出版したのがさきにもふれた『業・宿業観の再生』である。

その後、本願寺教団は、この派の教学研究誌に十数名の関係者が執筆して、「共業」を論じている。一読させてもらったが、結論は、それぞれの執筆者が、賛成とも反対ともわからぬ評論的な内容であったかのように記憶している。伝統教学のしがらみが、彼らをして、そうさせていたのである。長らくの「三世因果」に縛られた「宿業論」と、現実の社会の動き、とりわけ部落解放運動とか、女性解放運動の論理とマッチしないこの教団の論理的矛盾に悩みながらも、黒白をつけ難かったのであろう。

このあたりで「縁」の思想に立ち戻ってみよう。被差別部落の解放運動が、必ずしも、鉄の如き団結をもちえなかったこと、そして、融和主義的な思想による別方向の運動など、さまざまな団体、個人の動きがあったこと、また「同和対策審議会」答申がいうような「国民的課題」「行政責任」を、国民全体の共通認識にまで高められなかったことなど。そういう歴史的経過を、反面教師とした「縁」としてみなければならない。

また、その「縁」なるものが、被差別者を融和思想でむしばみ、自己責任で対処しなければならないとする感覚をもたせ、差別を永続させたことを考えねばならない。

「卯毛・羊毛」という『歎異抄』の文章（思想的概念）は、宗教界、わけても浄土真宗の僧侶、門徒に、差別をめぐる人間のありようを自己の人生に引きとって、運動と取り組み、協力するということを示したものとしなければならない。

すでに全国的に有名になっている、浄土真宗本願寺派札幌別院の差別落書き事件は、あそこに出入りできる人、そして複数の見張りを置き、悪事を働いている間、他人に知られないようにする共同作業がなければ、あの落書き（穢多の誰だれと名前を書き込んだもの）を決行できようはずがない。しかし、札幌別院も、本願寺教団も、己のこととして、その事件にかかわりきるということをしない。

彼らにとって、幸いといえるかもしれないが、途中まで追及ぎみであった部落解放運動も「あとは教団の自主性に任す」としたことで、ますます、大慈大悲の仏心とは離れたところで、この事件は中途半端にぶら下がったままの状況となっているのである。これらも「縁」の多因による複雑性の事象として、理解させられるのである。

さるべき業縁とは何か

「さるべき業縁のもよほさば、いかなるふるまひもすべし」（『歎異抄』）は、被差別民が、差別と闘わないとか、闘いきれないとかは、「さるべき業縁」がもよおした状況だと教えている。被差別者が差別と闘わないというのは、一定の「自己疎外現象」である。一九九〇年代の半ば、日本社会党（当時）が、自分の党が消滅する運命を担わされる小選挙区比例代表並立制に賛成した。あれから二十年になろうとしている。数回の総選挙を経て、この党はケシ粒ほどの存在となった。私は、自己崩壊の道を自ら歩むことを「自己疎外」と分析する。

時の首相・村山富市氏に、衆議院政治改革特別委員会で、「こんな小選挙区比例代表制のような『死票』の多い選挙制度で、日本社会党は生き残れると思うのか」と尋ねた。

村山首相は、「生き残らねばなりません」と答えた。続いて私は、「生き残らねばならないということと、生き残れるということは違う。生き残れるのか」と再度、問い質した。村山首相は、同じ言葉の繰り返しで、真正面からは答えなかった。

私の危惧したとおり、社会党はついに、あれから二十年近くを経て、衆参の議席数が僅か五議席となり、全く存在感のないものに落ちぶれてしまった。

石原慎太郎が、都知事になる前の衆議院議員であったころのことだ。彼と村山首相と席がすぐ隣り合わせであった。「ひめゆり部隊が沖縄で集団自決したということは知っているが、日本社会党は衆議院の議場で集団自決をするつもりか」とからかい半分の言葉を投げかけられたほどだった。

つまり、何が自己にとって利益なのか、何が不利益なのかが分からなくなり、損をする方をすすんで選択するほど、迷いの世界に入っていくことを「自己疎外」状況というのである。

「縁」がこのとき、どのように作用したか。いうまでもなく、労働組合である連合が、選挙制度の改革を迫ったということが最大の原因であった。

その直前の参議院選挙において、「消費税」の問題もあり、勝利していた。社会党幹部の「うぬぼれ」が重なった。小選挙区（一人区）でも、社会党は勝てるという分析が各種新聞に載り、ついに、右翼反動勢力の言い分に乗せられて、この社会党崩壊の選挙制度に賛成することになったのである。

しかし、私は、社会党なき後の日本の政治状況は、反動の道をひた走りに走り、かつての東条内閣のときのように、大きな歴史的過ちを犯すことになると予見し、これに反対し衆議院本会議場で「青票」を投じた。本当にこの国の将来と、労働者階級をはじめとする広範な勤労国民の利益を代弁する者がいなくなることを心配したからである。

そのかどをもって、党は、私を「党議違反」と銘打って、除名処分にするという、おおよそ、政党として持ち合わせていなければならない「洞察力」とは、全く逆の方向に走ってしまった。

果せるかな、いまの日本の政局は、集団的自衛権の「憲法解釈」を、アメリカ追従の方向で変えようとしている。特定秘密保護法の制定を画策・強行してしまった。残念ながら、私の危惧していたことが現実となったということである。

アベノミクスという、まやかしの経済政策は、大企業にはとことん儲けさせるが、庶民の生活は「消費税」のアップで、ますます苦しめるものである。このことを予測できず、衆議院選挙で広範な日本の勤労国民は、悪政を強引に推し進める自民党に、絶対多数の議席を与えるという「自己疎外」状況を演じてみせた。

続く、参議院選挙においても、自民・公明の与党が多数を占め、思うままに、大衆収奪の政治を進めようとしている状況である。

「縁」のはずみによって、どんどん政治は反動化し、国民の利益は踏みにじられていくことになってしまった。

今日のように、情報が速やかに全国津々浦々に、リアルタイムで行きわたるようになると、「自己疎外」状況は、国民レベル、大衆レベルまで、同時進行することになるのである。「さるべき業縁のもよほさば、いかなるふるまひもすべし」と『歎異抄』に記してあることの分析の凄まじさを、つくづく感ずるのである。

現在の教団は、この『歎異抄』の文言を、このようには解釈しないであろう。どこまでも「煩悩具足の凡夫」の「罪深さ」にその原因を求め、個々人が所得格差で苦しい生活を余儀なくされていることを、単純に「さるべき業縁」がもよおしているもので、いま前生の罪の深きところを、償っている、といったぐらいにしか、認識できないでいる。

これでは、仏の「大慈大悲心」はとても及びのつかない、単なる空想に終わってしまう。釈尊が説いたことと親鸞の諭したことを、社会的次元の広がりにおいて、人間学的にいうなれば、「知の広がり」において領解しなければ、「浄土」は望むべくもない。仏教においても、広島県では浄土真宗本願寺派が圧倒的であるから、仏教といえば、浄土真宗と思われるむきがある。「葬式仏教」と一言で揶揄されてしまう今日の状況は、仏教というものが、いかに大衆の生活からかけ離れたものになっているかを、証明するようなものである。だが、人々の生活苦は、その葬式さえも従来どおり行われなくなってきた。

「家族葬」といわれる簡単な方法で、親族の死を悼み、葬儀を済ませるという方向に、世の中は動きつつある。

親族の死という現実に直面したときほど、「人の世の無常」を感ずるときはない。このときをのがさず、仏教の思想（人間観を説く、思想、信条、信念など）の魂が人々の間に浸透し、根づくというのでなければならない。一つの葬儀を行うにあたって、何百万円の経費を伴うということになれば、「商売」としての仏教が衰退することはもちろんだが、「深い御縁に接して」と前置きをして、「人生を深みにおいて洞察する」説話の機会をも失ってしまうということになる。

まさに、今日の仏教界の「自業自得」といったところであろうか。

浄土というものをどう考えるか

浄土は、現生であり、苦悩の存在しない、「大慈大悲」の仏心によって、それが行動原理となっているような社会（仏教では国土という）をさすのである。

このような社会（国土）が、西方のはるか彼方に、あたかも実在しているかの如く、僧侶たちは宣伝し説教をする。一定程度の庶民は、それにだまされて信じている。しかし、それはどこまでも、仮想の世界における観念の所産であって、そんなものがあるわけはない。

同朋三者懇話会の論議においては、早くから、浄土（極楽）というものの実体的存在は認めないとの共通の認識で整理し、意見の一致をみている。

しからばなぜ、「浄土」という概念を使い、仏教を説くのかという疑問が出てくる。浄土の概念は、苦しい現生の生活を、人間として生き抜くための「はげまし」となる概念である。生き抜いていこうとする「エネルギー」となるものと、意見の一致をみている。

昨年（二〇一三）、国会で、安倍首相は、台風二十六号による伊豆大島の被害にふれて、亡くなられた方に、何の思想的掘り下げもなく、「御冥福を祈ります」といっていた。「冥福」というのは、「死後の幸福」を祈るということで、死後の世界に実体的な「浄土」でもあれば、その言葉は意味があるが、人間の魂とか、心とかというものは、生きて作動する脳とか心臓などがあってはじめて機能するものであり、いわんや、「浄土」の実体的存在というものがありえようはずはない。どうして「死後の幸福」を実現する余地があるであろうか。

安倍首相だけではない。よほど人生を深く考えている者を除いては、伊豆大島の被災に「お見舞い」の言葉として、「御冥福」という言葉を使っていた。日本の人口は、戸籍上は一億二千数百万人だが、宗教人口は、一人が平気で二つも三つも信心をしているような雰囲気があるので、戸籍の何倍かの数になっている。葬式は仏教で、結婚式はキリスト教で、起工式は神道でといった具合である。

かつて、森喜朗という総理大臣がいたが、何かの挨拶のとき、しきりに「天国」という言葉を使った。つまりキリスト教的感覚による挨拶であった。しかし、彼は歴然とした浄土真宗の門徒である。出身地の僧侶が冗談半分に、「首相には、浄土真宗の立場をよく伝えておきますから…」と、私に弁解がましくいったことがある。

ひところ、浄土真宗は、「一向宗」といわれるぐらい思想と信条を大事にした宗教であったが、残念ながらいまは魂の抜け殻のようになっていることを認めざるをえない。

少し横道にそれるが、仏教でいう「浄土」、キリスト教でいう「天国」とは何か。

「バークレー（一六八五～一七五三）は自己の主観的観念論から生ずる論理的欠陥をば、神によつて補つたのであるが、しかしこれは一つの難問を解決するためにより大きな難問を置きかえたにすぎず、神の実在ということが真に論理的に明にされない限り、何らの解決にもならないことは明かである。かくてそこからヒューム（一七一一～一七七六）の懐疑論が生れた。ヒュームはバークレーによつて提出された認識の問題を更に一歩おしすすめて深く考察するために心象（impression）と観念（idea）とを先ず区別した。彼にとつて心象とはすべて表象感情意志等が現に我々の意識にあらわれた状態をいい、之に対して観念とはこの心象の再現としてこれを模写するものをいう。だから観念の中にはきわめて抽象的な、現実の心象から遠去かつたものもあるけれども、くわしくその基をたずねてゆけば必ずこれに相応する元の心象がある。例えば神の観念の如きものは、我々が自己の内に発見する善、知、愛の如き諸性質を無限に拡大してこれを結合したものに他ならない。故にそれに対応する心象を有たない観念というものは存しない」（柳田謙十郎『観念論と唯物論』一三～一四頁）

この引用文において「天国」といおうが「浄土」といおうが、「善、知、愛の如き諸性質を無限に拡大してこれを結合したもの」という説明に、私は頷く。

そのほとんどが、倫理観に頷ける理想（あるべき姿）として描かれたものであり、その限りにおいて肯定できるものである。だから、同朋三者懇話会は「生きるエネルギーの発露として、『浄土』というものを領解しよう」ということにしているのである。

書き落とすことがあってはいけないので、このあたりで少しふれておきたいと思うが、釈尊の述べていること、その後の仏教を説いた人たちは、やはり一様に、人間世界の「あるべき姿＝理想郷」を眼目においているように思われる。

しかし、それを、この大宇宙・自然の法則の中で、時には説明しようとしたり、時にははぐらかしたりした。「願力不思議」という言葉で、その理想郷を肯定しながらも、ついには、合理的、論理的に説明しつくすことができなかった。このような矛盾を内包しつつ、釈尊以来二千数百年の年月が経過しているということである。私は、そういう史観に立って、この稿を書きつづっている。

第4章　親鸞の宗教的洞察力

なぜ部落解放運動は混迷状況に陥ったのか

「部落解放基本法」制定運動は、竜頭蛇尾に終わった。哀しいかな、時の支配階級に、国会における多数派（経済的支配階級の大方は代弁者）に媚を売ることが、「部落解放基本法」制定の近道であると考えたようである。私自身がその運動の中にあって、次第に運動家たちが、そんな気持ちに変質していることに気づいていなかった。部落差別は支配階級の都合によって、搾取を強化するために、意図的に作られたものである。その時代の社会構造のもつ課題と社会の上層部の意識・感情が一致していたというべきで、決して自然に支配階級の意識や感情とは別の次元でできたものではない。

私の考えは、その条理に合わない非人間的な社会制度や人々の意識を改善するために、差別助長によって、大きな利益をむさぼってきた支配階級と、その代弁者と闘い、彼らに譲歩を迫るという手法を、主たる運動のあり方としなければならないということであった。

「主体の確立」というのが、それである。世の中の変革について、毛沢東のいったことを思い出す。彼の著作の『矛盾論』であったか『実践論』であったか、記憶は定かでない。だが覚えているのは、彼は現実変革に二つの条件があるという。その二つの条件というのは、一つは外的条件である。日中戦争に対して、反ファシズムの勢力は、対日戦争に集結するという外的条件が必ず整うであろうという見通しのことである。

しかし、それだけでは、ものごとは成就することはない。その外的条件を生かしきる内的条件が整わなければならない。だからこそ毛沢東は、国共合作によって、中国人民のもっているエネルギーのすべてを統一的方向（抗日戦）に注ぎこまねばならないとしたのである。

少々のことですぐに小利をむさぼり、セクト的になってはいけないということを、教えているのである。外的条件と内的条件と、いずれがより根本的かといえば、それは内的条件の方である。それで毛沢東は同じ条件でも、内的条件のことを内的根拠といったのである。

部落解放の取り組みにおいて、「主体の確立」のことを、ただ念仏を唱えるような気持ちで口にしただけではだめだという意味で、「真に部落解放を実現するに足りる主体の確立」といったのである。だが、部落解放をめざす運動の指導者は、差別政策を推進する側の策略に惑わされてしまった。つまり、支配階級の都合のよい方に流れてしまったのである。これまでの運動の歴史をもう一度考えてみるとき、部落解放同盟の運動方針は、これを「行政闘争」つまり、差別行政糾弾闘争と呼び、国や地方自治体と、集団交渉を展開し、徐々に彼らの譲歩を勝ちとってきた。「部落解放基本法」制定闘争は、一応の決着点として設定されたものであり、この闘いを放棄することは、われわれとしては考えられないことであった。

だが運動が、支配階級に媚を売ることによって、支配階級の「憐み」をいただくという考えにのめり込んでいくことになった。

彼ら支配階級の、当面する政策的意図に迎合しなければならなくなったのである。この点については、拙著『解放理論の頽廃』（部落解放同盟広島県連合会出版局、一九九七年）で詳しく述べている。重ねて残念なこととといわざるをえないが、運動の融和的な方向転換がなされたのである。

ことの本質がみえにくくなったのは、連合があたかも政権を左右しているかのような立場に誘いこまれ、日本の保守勢力に操られるようになったころからである。

つまり、日本新党の細川護熙を首班とする内閣でも、日本社会党は与党となり、政権の一員に加わった。その後は、保守陣営の主流を自認する自民党が、なんとしても政権をとり戻したいと、社会党を首班にしてでもと、「清水の舞台」から飛び降りるような手法に出てきた。村山富市・社会党委員長を首相に担ぎあげ、うまく取り込んだということである。

非常に本質のみえにくい状況となった。部落解放同盟中央本部は、社会党の内閣のすることだから、同調しておかなければ「基本法」制定がうまくいかないという口実をつけた。ついに、日本の革新勢力を、根こそぎなきものにする小選挙区比例代表並立制に賛成することによって、従順なる姿を証明してみせたのである。

このころ企業は、「同和問題企業連絡会」を組織しており、宗教は「『同和問題』にとりくむ宗教教団連帯会議」、労働組合を中心とする「部落解放共闘会議」などがあった。いうなれば、日本における保守も革新も、みんな、部落解放には反対しえないという状況にまで、運動を盛り上げていたわけである。

一方、それなりにこの運動に巻き込まれている保守派（企業・宗教教団・自治体）などは、ややもすれば、部落解放運動の方向から外れようとする雰囲気もあるという状況であった。

部落解放運動の幹部は、このような雰囲気に気づかいつつ、周囲をよく見渡しながら、取り組んでいかねばならなかった。本質がみえにくくなったということを、さきにも述べたが、長らくの盟友であった日本社会党が、自分の政治的基盤を見失うほどの「自己疎外」の状況を起こし、小選挙区比例代表並立制に賛成どころか、村山内閣がこれの推進役に立たされるということになった。

直接の政治権力に加わっているという名目が成り立つこともあって、自民党に対する態度がきわめて融和的になっていった。保守反動の立場にある者にも、運動周辺の保守派は、これに心境を通じて義理をたて、擦り寄っていくことになってしまった。部落解放同盟中央本部は、この小選挙区制に賛成という立場をとったというわけである。

私は当時、日本社会党の代議士の一員であった。もちろんのこと、党内にあっては反対の急先鋒。ついに除名ということになり、部落解放同盟中央本部の書記長の立場も辞任することとなった。運動は、ようやく「基本法」制定のめどがついたかと思われるような雰囲気のところまでたどり着いたという時期のことであり、惜しい限りであった。

自民党政権は一九八六年、いわゆる『地対協・部会報告』なるものを出し、運動が「糾弾闘争」をやめない限り、地域改善対策特別措置法（同和対策特別措置法の一つ）の延長はありえない、といっていた。運動はこれを追い込んで、全国の地方自治体も、中央政府に公然とは同調しえないという態度で踏ん張っていた。

「一切の有情は……」

このころのこと、浄土真宗本願寺派の阿弥陀堂だったか、御影堂だったたか、あの大屋根から長い懸垂幕が掛かっていて、そこに書かれていたのは他ならぬ「一切の有情《うじょう》はみなもつて世々生々《せせしょうじょう》の父母《ぶも》・兄弟なり」という『歎異抄』の文言であった。

私は部落解放運動が形の上では、まだ隆盛をきわめている時期であるし、本願寺教団は、多分にオベンチャラの気持ちで、たまたま部落解放運動に見合った文言が、宗祖の言葉として『歎異抄』に伝えられているので、都合よく、懸垂幕を垂らしているものと判断していた。

しかし、別段、運動にとって邪魔になるような現象ではないとして、あまり気にも留めないで、相当の日時が経過した。

私はかねてから、部落の完全解放のためには、差別助長の「縁」となる、各種行政のあり方と闘わねばならないことはもちろんのこととしつつも、その権力との闘いをやり通せるほどの「主体の確立」（人間のありよう）が大事であると考えていた。私が書記長時代、中央本部の運動方針には、何年も連続して、「真に部落解放を実現するに足りる主体の確立」ということを強調していたことはすでに重ねて述べてきた。

つまりは、人間学的に、差別する人間と差別される人間との力関係の問題としてとらえようとしていたわけである。

人間の脳の組織と、社会意識の醸成される関係とか、人間疎外、自己疎外など、自己実現における対極の課題として、人間学的に究明しなければということに気づくようになった。

宗教のことについては、差別戒名・法名とか、差別墓石とか、直接的な僧侶など宗教関係者の差別発言などを反面教師として、教団がどのように人間というものを考えてきたかを参考にしたいと思いつつ、部落解放運動と取り組んでいた。

そのころ、人間にかかわる学問で「分子生物学」という学問領域のあることを知った。そこで柳澤桂子の『永遠のなかに生きる』という書物の中に、この地球上に分布して、生存している人類が、ミトコンドリアの遺伝子を、ひとりの女性からのみ受け継いでいるということを知った。次の文章は『永遠のなかに生きる』の中の一節である。

「化石の研究とは別に最近では、ミトコンドリアのＤＮＡやＹ染色体の塩基配列を調べることによって、さらに厳密に人間の歩んで来た道がわかるようになってきました。

ミトコンドリアは、細胞質の中にあるので、精子からもち込まれることはないのです。ミトコンドリアは常に卵に由来します。いいかえれば、ミトコンドリアは母親からしか伝達されないのです。ミトコンドリアのＤＮＡの特定の部分の六〇〇～七〇〇のかぎられた塩基配列を調べますと、この配列の中では、ゆっくりと突然変異が起こるのですが、それでも塩基配列の順序には人によって、かなりの違いがあります。すなわち、多種性があるのです。

遺伝学者のブライアン・サイクスは、骨からのＤＮＡを抽出する方法を開発して、世界中の人から採取した試料のミトコンドリアＤＮＡの塩基配列を比較しました。その結果、世界中の人のミトコンドリアＤＮＡを三五の群（クラスター）に分けることができました。

これらの人々の系譜を調べていきますと、世界中に暮らす六〇億人の人たちが、ただ一人の女性の母系子孫であることがわかったのです。これは、この女性が当時存在していた、たった一人の女性だということではありません。一五万年前の人口は、一〇〇〇人か、二〇〇〇人だったと思われます。その中で、この一人の女性の系列だけが、現在まで生き残ったということなのです。また、アフリカにいた一三の系統のうち、ただ一人が、アフリカを離れ、現在アフリカ以外の、土地にいる人々のすべてが、この母親の子供であるというのです（『イヴの七人の娘たち』B・サイクス著、大野晶子訳、ソニー・マガジンズ）。

世界の人々が一人の母親の子孫であるということ、また、一つの系列が一五万年間とぎれずに続いて来たということは、信じがたいことです」（柳澤桂子『永遠のなかに生きる』六八〜六九頁）

親鸞思想の「一切の有情はみなもつて世々生々の父母・兄弟なり」とする考えは、唯、倫理上、道徳上といった観点から「かくあるべきであろう」といった希望的願望によるばかりでなく、実に近代科学（分子生物学）によっても、すでに柳澤桂子のこの著作によって、人類の自然史的発展の過程において、そのとおりの展開がなされていることを知って、驚きという他はなかった。

真に宗教家というべき人は、今日にいう科学的検証を待たずとも、そのイマジネーションが、正しい推論（それは思想体系における整合性でもありうる）を可能にするものと、つくづく感じさせられたのである。

「大慈大悲心」のイマジネーションなき社会

戦後の政治の大半は、自民党政権によって進められたもので、吉田政権が、アメリカの圧力によって、戦争放棄と武力不保持の憲法下にあっても、「戦力なき軍隊」だなどと、自衛隊を創設したときに、宗教者、手近なところでは浄土真宗本願寺派の僧侶たちのイマジネーションはどう動いたのであろうか。

いまの安倍首相の祖父の岸信介が、「安保改定」を強行し、今日の「集団的自衛権」の主張に道を拓いたとき、宗教者はどのようにあの安保騒動をみていたのであろうか。安倍首相は、岸信介の孫だから、岸の弟の佐藤栄作は大叔父にあたる人である。この人が首相をしているとき、「核抜き、本土並みの返還」と沖縄返還の功績を自賛した。騙されて、彼に「ノーベル平和賞」を与えたことは、残念でならなかったが、いまにして思えば、沖縄の基地はアメリカの核基地であったということである。

小泉純一郎という人が、首相をやっていたとき、さかんに「小泉構造改革」なるものを推進した。わけても、勤労者の平均年収が、四六〇万円から四〇〇万円に落ち込んでしまった。勤労者の四〇パーセント以上がパート労働者となり、その生活はきわめて不安定である。年間所得の二〇〇万円以下が勤労所得者の中で、四〇パーセントにも達している。このような政策推進の過程にあって、日本の圧倒的多数の人々とりわけ仏教者には、宗教的洞察力（「大慈大悲心」のイマジネーション）というものが湧かなかったのであろうか。浄土真宗十派だけでも、その寺の数は三万カ寺に近かろう。いずれも、住職、坊守は全国各地方におけるインテリ層である。しかし、この人たちは全くといってよいほど、日々の人々の生活を苦しめる政治・経済状況については傍観者的である。そのときどきの保守政党に加担することによって、当面の寺院経営の安定ばかりをはかってきたのであろうか。

いま思わねばならないことは、ドイツのメルケル首相の携帯電話の通話まで盗聴していたといわれるぐらい、アメリカ資本主義が、その体制維持のために無茶苦茶なことをやっているということである。しかも、その手下になって安倍首相は、「特定秘密保護法」を強行採決し、「集団的自衛権」に対する憲法解釈の改定を進めようとしているのである。

日弁連も、日本ペンクラブも「特定秘密保護法」に反対の意思表示をした。宗教界は、何を、どう考えているのであろうか。アメリカのＣＩＡに関係していたエドワード・スノーデン氏の伝えるところによると、世界のリーダー三十五人（この中の大半は同盟国の首脳）の電話の盗聴を行っているようで、アメリカの土壇場の「あがき」としかいいようがない。それだけ、その手下になっている日本の政治・経済も率直な目でみれば、「大慈大悲」と正反対の方向に動いているというべきであろう。

こんなとき、政治家でも、経済学者でも、法律家でもない宗教者・僧侶には何にもわからかないといって、現実的矛盾の拡大について、全く無頓着であることが許されるであろうか。具体的数値の提示の前に、「かくなるであろう」推測が、宗教者の頭に浮かぶようでなければ、「信心」を語り「真実」を求める言辞を弄し、そのことで、「いのち・生活」をつないでいる資格はないといわねばならない。

親鸞の「一切の有情はみなもつて世々生々の父母・兄弟なり」といったのは、いまから八百年以上も昔のことである。今日となって、分子生物学という学問が、ミトコンドリアＤＮＡの研究によって、まさに、「一切の有情」は「世々生々」（実に十五万年も二十万年もの前から）「父母兄弟」の関係にあるとイメージして、大胆に、そのことを主張し伝えているのである。

いいたいことは、このような宗教的イマジネーションが、人間生活の安定・安心のために、人間存在に肯定的な思想を広めるということではなく、それとは全く逆の方向に差別思想をばら撒き、全国的に有名な差別事件においてさえ、浄土真宗の「真実追求」という真面目さとは逆方向の動きに終始しているということである。宗教的洞察力の貧困によるものだと指摘せざるをえない。

もし、札幌別院の被差別の僧侶に対する差別落書き事件のことについて、本願寺派が今日段階で、まともな解決策になっていると思っているならば、あらためて、われわれの考えるところを、全国に再度訴えかけていきたいぐらいである。

当該僧侶のことを「エッタハアイヌイカノカスヤ」「奴は赤いエッタや」だと、身分差別と民族差別をミックスさせたような文言が、差別落書きの内容であった。被差別の苦痛を受けた立場に、現地のアイヌ民族が、当事者として存在していた。しかし、本願寺は、これらの人々を当事者として扱ったであろうか。

再三、本願寺教団の生ぬるい対応策に乗じて、差別投書・落書きを繰り返した者がいたのである。

宗教的「大慈大悲」の洞察力どころか、その逆の悪知恵だけは存分にはたらかせてきたということではないか。

これに類する差別事件は、兵庫教区においても、大量の差別ハガキという形で起きたが、差別者のなすがままに本願寺は放置している。兵庫教区における取り組みと一体化して、親鸞思想の立場から、問題の解決を図ろうとする姿勢はみられない。

今日、広島県連が問題とする三原市の寂静寺の被差別部落の門徒二十数軒の「追放」の事実関係についても、宗教者としての羞恥が全くみえないということである。

このようなことを分析し、考究するとき、あまりにも親鸞思想からかけ離れていることに驚愕するばかりである。

三原市の寂静寺は、恐らく被差別部落の門徒を追放することが、真宗寺院としての貫禄というか、教団内の品格の向上に役立つと考えたのであろう。

なぜなら、この寺の十一世住職は、本願寺派教団にあって、教学の権威者ということになっていた。この人は、昭和年号でいうところの三十年代まで、本願寺派の勧学の立場にあって、その勧学のうちでも勧学寮頭ということであったのだから、教義・教学においては、この派のトップレベルの一員であったというわけである。

われわれが問題とするのは、このような人が住職である寺において、どういう事情があって被差別部落民を「門徒」の立場から追放するなどということができたのか、仏の「慈悲心」と、その方法の一貫性を意味する「摂取不捨《せっしゅふしゃ》」の信教的概念とは全く相容れないことだと考えるからである。

今回の事件が、どこまでも、教義との関係で「お互いに考え、議論しよう」との提案をしているのは、そういうことなのである。

さらに驚くべき親鸞の信教的発想

「一切の有情……」ということと、ミトコンドリアＤＮＡの関係における、今日的な分子生物学の成果には感嘆させられている。それは、ミトコンドリアＤＮＡの学説を証明している学者のブライアン・サイクスに対してというより、八百年以上も昔、親鸞は、その思想的整合性の一貫性において、表面上の体裁においていったのではなく、宗教上の発想で、これだけのことをいいあてているということである。そこで、さらに驚くべきことを、私は指摘したい。そして、私自身も、宗教者というものは、「かくあるべきもの」ということを再確認したいのである。

便宜上、『教行信証』の「序文」の途中からを引用してみる。この引用部分より前段のところについては、後に述べる論理の関連性において、引用させてもらうので、ここでは煩を避けることにする。

「ああ、弘誓《ぐぜい》の強縁《ごうえん》、多生《たしょう》にも値ひがたく、真実の浄信、億劫にも獲がたし。たまたま行信を獲ば、遠く宿縁《しゅくえん》を慶べ。もしまたこのたび疑網《ぎもう》に覆蔽《ふへい》せられれば、かへつてまた曠劫《こうごう》を経歴《きょうりゃく》せん。誠なるかな、摂取《せっしゅ》不捨《ふしゃ》の真言、超世《ちょうせ》希有《けう》の正法、聞思《もんし》して遅慮することなかれ。

ここに愚禿釈の親鸞、慶ばしいかな、西蕃《せいばん》・月支《げっし》の聖典、東夏《とうか》・日域《じちいき》の師釈に、遇ひがたくしていま遇ふことを得たり、聞きがたくしてすでに聞くことを得たり。真宗の教行証を敬信して、ことに如来の恩徳の深きことを知んぬ。ここをもつて聞くところを慶び、獲るところを嘆ずるなりと」(「顕浄土真実教行証文類」『聖典』一三一～一三二頁)

私は、この文章に接して、その文章の流調で、あまり例をみない名文にまず感動した。『平家物語』の「祇園精舎の鐘の声、諸行無常の響きあり……」、『奥の細道』の「月日は百代の過客にして、行かふ年も又旅人也…」の名文に並ぶ優れた文章である。

名文に感銘を受けたことはもちろんだが、そこに書かれていることで、これまで素通りをしていた意味の非常に深いところに気づかされたのである。

さきに述べた「一切の有情はみなもつて世々生々の父母・兄弟なり」という全人類的感覚をミトコンドリアDNAの生物学的学説に関連して、私の思うところを書いたが、その発想の深遠なことに思いをいたしつつ、この「教行証文類」の序文を読み進み、さらに広大な親鸞の宗教家としての「信教的発想」の深遠なることに気づかせてもらったということである。

親鸞は「他力の信」たる浄土真宗の、宗教的視界をみることのできる立場に立ったことを歓喜している。

その表現は「たまたま行信を獲ば、遠く宿縁を慶べ」である。親鸞は、封建教学（伝統教学）でいう「宿業」という言葉を使っていないようである。「宿業」は「前生の業」と解釈されている。仏教の「三世因果」論に基づき、現生の禍福は、そこに原因があるとして、現実社会の矛盾からこうむる不幸を、すべてその因果で考え、諦めの境涯を送るように教える教説である。

親鸞は、その解釈の不当性を避けて通ろうとしたのではなかろうか。「宿業」という言葉を使わず、ここにみる「宿縁」という言葉とされている。

十二世紀から十三世紀を生きてきた親鸞が、自分の到達した思想（信心の内容）を、「真実の浄信」と考えたことは、一宗の開祖と仰がれるぐらいだから当然のことである。その「真実の浄信」に出遭ったことの慶びを、驚きの心境で、自分の幸運というか、歴史的遭遇の中、生きることを慶んでいるのである。その慶びは、「億劫にも獲がたし」と、言っているぐらいだから、この言葉を今日的解釈でいいかえるなら、「百千万億＝無限の長い時間」を経過する中で、「真実の浄信」に遭遇したということである。

生命の誕生・進化と親鸞思想

人類がチンパンジーやオランウータンのような類人猿と、その歴史的進化において、独自のコースをたどり、二足歩行が、いまの人間の身体的特徴を形成するようになったというのは、大方の人類学者の定説であるが、これはおおよそ七百万年前のことだといわれている。そのときから、今日の知的生命体といわれる人類の頭脳が進化し、人体の内臓のすべても、それにあわせて、今日的な状況に形成されたものと思われる。

類人猿と異なるコースをたどりはじめたのが、七百万年の昔ということで、石器時代とか、縄文時代とか、弥生式土器の時代だとか、数万年とか数十万年といわれるものが、われわれの人間の歴史にとっては大きな区割りであり、長い時間帯であるが、それの数百倍もの長い時間をかけて、今日の知的生命体の状況に到達することができたというわけである。

この地球という星に幾千万の動植物が生まれ、それぞれが進化をとげてきたが、ホモ・サピエンスほど、知的な発達をとげたものはいない。

ここに至るまでには、自然の法則＝動きとうまく順応しつつ生き残らなければならなかった。いまでは、地球上のすべての地域に分散して、生活圏を確立している。人類はいまや七十億人に達しようとしている。

この地球という星に、アメーバーのような生命が生まれてきてからは、七百万年や一千万年ではない。桁違いに長い年月を、さかのぼらなければならない。

「現在、地球上には細菌（バクテリア）から原生生物、菌類、植物、動物を含めて、多種多様な生物が生息しており、分類学上記載されているものだけでも三百万種、まだ記載されていないものも含めると三千万種をこえるであろう、と推定されている。これらの生物種が、もとをただせば一つの共通の祖先に由来するものであることは明らかである。なぜなら、バクテリアからヒトに至るまで、現在の地球上のあらゆる生物は、基本的な遺伝の仕組みが共通であるからである。〔中略〕それらが共通の祖先から由来するものであることには疑う余地がない。地球は誕生してからおおよそ四六億年たっており、もっとも古い生物の化石は南アフリカのトランスバールで発見された微生物化石で、これはおよそ三十三億年前のものと推定されている。少なくともそのころから、現在見られる多種多様な生物種を生み出す進化の歴史が切れ目なく連綿と続いてきたのである。〔中略〕したがって、地球上に現在生きている多種多様な生物は一つの巨大な系統樹で結ばれているはずであり、そのような系統樹を描き出すことが系統学の究極の目標である」（『DNAに刻まれたヒトの歴史』長谷川政美著、四八～五〇頁）

ついこの間、NHK特集で、生物学者の主張を放映していたが、人間はもともと海中に住んでいる魚類のようなものから、地上で酸素を呼吸する条件が整うに従って、両生類の進化が進み、やがて、地上のみを生活の基盤とする動物が出て来て、その中の一員として、人間は今日に至っているということであった。

このように考えてくると、いまのわれわれの生命（知的生命体）は、実に何十億年もかけて到達したものであることが知られる。私は、ここ二、三十年ほどの間、「南無阿弥陀仏」の六字の名号を解釈して、「大宇宙の動き発展する法則のことだ」といってきた。人間は自然とともに、今日の知的生命体の位置に到達した。「真実の浄信」というものは、「南無阿弥陀仏」の六字の名号を称名することによって、人間は救われるのだという。だが、この発想は、概念説明があまりに簡略にすぎて、法然、親鸞以来も、信じられもし、排撃されもし、人心を惑わすものとして、弾圧もされてきた歴史を感慨深く思わざるをえない。

だが、今日の「信心第一主義」の立場に立つ人たちは、「自然」ということについて、別に子細を考えようとしない。親鸞の「念仏のみぞまことにておはします」という言葉を鵜呑みにし、残余のむずかしいことは、「願力不思議」という言葉で逃げる、といった風情である。

これでは、仏教は興隆しない。親鸞の教えも、ついに葬式仏教として廃れるという運命をたどらなければならない。

葬式仏教が廃れるのは、高度に発達していく資本主義経済社会の、経済格差による貧困と、人情が次第に薄れていくことと並行して、家族葬のような簡単なものになり、人間の「生死」を「縁」として深くものを考えるという宗教を、大衆にとっても非常に希薄なものにしているからである。

釈尊は「正像末」という仏教からみた「史観」を説いている。「末法」の時代に入ったというのは、勝手にその時代を認識したものであろうが、今日人々の精神状態（仏法も人の心の状態をみなければならない）は荒れ果てている。日々の人々の生活の中で、生命を傷つけ、ものを奪う事件が、この日本においても、枚挙にいとまがないほどである。いわんや、武力を使って抗争している国と地域においては、凄惨な地獄図が展開されている。

いま安倍首相と自民・公明の連立政権は、「特定秘密保護法」を強行採決し「集団的自衛権」を実現しようと、懸命に地獄図の方向に突っ走っている。まさに「末法」という概念がいいあてられている状況である。

人類は、「地球温暖化」（生存条件の危機）の問題一つとってみても、自然と共に生き、進化してきたことを思い返さなければならない。自己の生存の条件さえ、崩壊させようとしている現実もある。その典型が、原子力発電のことである。東京電力が福島県に設置した発電所は、地震と津波によって、ついにメルトダウンとなり、廃炉以外に手の施しようがないこととなった。

性懲りもなく、安倍政権は、全国に立地している原子力発電所を再稼働させようと企み、アジアやその他の開発途上国に、原子力発電所のプラント輸出を画策している。

自己の生存の条件を破壊して、かえりみないものほど、愚かなことはないであろう。人類は、いまその段階を歩んでいるのである。

親鸞の時代に、生物学的にいまみているような人類史のことは知るよしもなかったであろうが、地球が、人類によってズタズタに傷つけられ破壊されるということになれば、やがて、この地上から現生の生物は姿を消すであろう。

地球が受けている太陽系の恵みもあるが、再生するまでには、相当の長い年月がかかることを想定しなければならない。

「もしまたこのたび疑網に覆蔽せられれば、かへつてまた曠劫を経歴せん」という表現の中に、するどい宗教家としての洞察力を感じ取らないわけにはいかない。この地球という星に、いま到達している進化の過程の知的生命体が「真実の浄信」を問題とする時代がいつやってくるのであろうかと、親鸞は迫力をもって叫んでいると、この「序文」のくだりを私は読むのである。

「宿業」をどうみるか

さきにも少しふれておいたが、親鸞は「宿縁」という言葉を使っている。「業」は自らなす行為、あるいはなした行為ということであり、貧困の苦しみも今日の権力者どもが喜んで使う「自己責任」であり、世の中のあらゆる不条理もすべて「自己責任」に帰着させられてしまう。

部落差別と闘うわれわれとすれば、差別のもたらしてきたさまざまな不幸せを「自己責任」で片づけられたのでは、部落解放の展望は全くみえてこない。

つまり、さまざまな「縁」(条件)によって、今日ある生活全般を分析しなければならない。教育・文化の水準の低さも、健康と深くかかわる食生活の低水準も、すべて「自己責任」では解決しきれない。さまざまな「縁」の作用によって、今日的状況(特に「同和対策審議会」答申以前の状況)があるということを分析しなければならない。

私は、「宿業」はそれ自体、自分を深く掘り下げる「内省・自省」の精神状態や、その発想をもたらしており、さらに人間のもつ「自己コントロール」能力に関するものとして、これを一〇〇パーセント否定したり、排撃しようとするものではない。

しかし、そのような肯定の余地があるとしても、それをよいことにして、宗教家たちは権力と歩調を合わせ、「自己責任」のみに帰着させる考えに人々を惑わせ、無気力にする説教をしているということになる。それでは、社会の矛盾をそのまま撒き散らし、支配階級のみを喜ばせることになり、ついには、人類社会（この地球という星さえも）を破壊することになる。

切実な差別の現実から、「宿業」観のもつ不条理、理不尽を追及し、仏教が長い間、いかに大ざっぱであったとはいえ、人類の生きる道筋に、「くもの糸一筋ほどの光明」をもたらしたものがあれば、それを「再生」させ、正しい「宿業」の再構築にかからなければというのが、私の立場である。

宗祖・親鸞は、それに示唆を与える「宿縁」という言葉を使っておられる。宗教のもつ「縁起」の哲学を、この言葉に援用しているということである。

私が『業・宿業観の再生』という小著を世に問うに至った心境は、そんなところにあったのである。

それでは、多少の煩をいとわず、この小著で主張したことを少しばかり復唱してみることにする。

一九八八年だから、やがて三十年の歳月が流れる。『業・宿業観の再生』は解放出版社から上梓した。浄土真宗本願寺派がまとめた『差別問題と業論』の問題点を明らかにするためである。私の書物を読まれて、大谷大学教授〈当時〉をされていた佐々木現順先生から励ましの手紙を頂いた。『差別問題と業論』は、本当の意味で「輪廻」とか「前生」とかの宗教的概念の今日的領解が足りない。

『差別問題と業論』ではどういっているか。

「仏教者も、かつての封建時代と異なり、少なくとも現代においては、人間の尊厳ということは百も承知しており、何人といえども他の人々を賤視するという誤りをおかしてならないことは、一応心得ている。〈中略〉にもかかわらず、依然として問題が今日存在し、今後についても必ずしも明るい見通しを持つことは困難な現況である。そんなことは断じてないと心から言える人がどれほどいるであろうか。こうした現状の根底に、やはり何事も前生の業によるものだという意識が横たわっていないだろうか。人を賤視することはいけない。けれども、あれは業だからしかたがない。しかし、そんなことは決して口に出して言ってはならぬ。さわらぬ神にたたりなし、くれぐれも用心が第一であると考える。だから、用心ぶかい人は問題をおこさない。不用意な人はつい本音を出して問題をおこす。これではたとい問題はおこらなくなっても、その意識は地下水のようにみえないところを流れ、一層問題の根本的解決を困難にさせるだけである」〈『差別問題と業論』二〇〜二一頁〉

一応もっともらしい論理展開のようではあるが、これでは、どこかの社会教育の分科会で、一般論的にものをいっているようなもので、「やはり、何事も前生の業によるものだという意識が横たわっていないだろうか」とせっかく、仏教者らしいことをいいかけているのだから、真正面から「宿業」論の分析にとりかかり、「前生」という概念の深みから整合性のある論理展開をするようでなければならない。

だが、さきに指摘したように、その「宿業」論を否定するために、「部落差別はすべて現世の問題であって、一パーセントでも○・○○一パーセントでも前世との関係において、これをみるようなことがあってはならない」と単純に言い切っている。

それでは、これまでの仏教（ここでは浄土真宗の教えてきたこと）を、これら数行程度の文章で、どうして、すべての僧侶や門信徒が納得するであろうか。

「宿業」という宗教・哲学的発想を、より整合性のあるものに再構築し、それを広める以外にないのである。そこができていないところに、今日の浄土真宗の教説における致命的欠陥がある。

『歎異抄』には、親鸞の教えだといいながら「宿業」という言葉を使っている。「卯毛・羊毛のさきにゐるちりばかりもつくる罪の、宿業にあらずといふことなしとしるべし」というところである。

部落差別は親代々の身分差別であることを考えて、当事者にとっては自分の出生以前からの「縁」によるものである。これに整合性のある論理体系を備えようとすれば、「宿業」を私が展開している「共業《ぐうごう》」として体系化すれば、すんなり、この『歎異抄』の一文も、人の心を広くとらえ、共感を呼び、人生の生き方の指針になるところである。執筆者の唯円はここを厳密に考えることができなかったのではなかろうか。

差別を肯定する連中が、さきに『差別問題と業論』で言っているように「前生の業」だという既成観念が脳裏をかけめぐるようでは、『歎異抄』に使われている「宿業」という言葉も、やはり害毒を流し続けることになる。

『スッタ・ニパータ』の言葉をどうとらえるか

「前生」論を否定しようとして、『差別問題と業論』の執筆者らは、釈尊のいった言葉だとされている『スッタ・ニパータ』の「生まれによってバラモンなのではない。生まれによって非バラモンなのでもない。業によってバラモンなのである。業によって非バラモンなのである。〔中略〕業によって武士であり、業によって司祭であり、業によって王である」「賢者たちはこのように、この業を如実に知る。彼等は縁起をみるものであり、業とその果報とを熟知している」を「錦の御旗」にしているが、そこに、今日的論理展開は皆無である。ただ単純に、「お釈迦さんが、こういわれている」というだけである。

しかし、よくよく考えねばならないことは、後世の教学展開にあたって「宿縁」とか「宿業」のような、その言葉のもつ社会的意味が、教義上、人権・差別について大きな齟齬をきたすようになってきたことである。釈尊の言葉は、一層厳密に、親鸞のいうように「すえとほりたる」ものとして意義づけなければならない。

「生まれによってバラモンなのではない」といっても、現実は、バラモンは生まれによって、世代間に継承されていたものである。部落差別のような身分差別を「前生の業」で考えてはいけないということを、この釈尊の言葉の借用だけでこと足りるとするのは、あまりにも杜撰《ずさん》すぎるといわなければならない。

私は、現に部落差別が親代々の問題であり、「生まれによって」その差別を受けることの事実を考えるとき、『スッタ・ニパータ』をどのように読み替えるかということに苦心した。

お釈迦さんほどの思想家がいった言葉を、しかも、身分差別を打破しようとしていっていることを、どのように解釈するかということに苦心したというわけである。「生まれによってバラモンなのではない。業によってバラモンなのである」というところを読み進んでみた。ともかくも「人間のなす行為」によって「バラモンなのである」といっている。平面的に読むかぎりにおいて『差別問題と業論』がここで述べているような解釈になってしまう。

そこでこの詩頌の意味することは「業によってバラモンなのである」ということにおいて、「業」なるものの意味を考えてみなければならない。もし、この「業」が、伝統教学的な、常識的にいわれてきたところの「過去世」につくった「業」ということであれば、前生の業果が、現生に禍福をもたらしていることになる。仮にそうだとすれば「生まれによってバラモンなのではない」ということが論理上成り立たないことになる。

言わんとするところは、「バラモン」という立場にあることが、「生まれによる」ものではないとし、「生まれながらにして」という今日のわが国の身分差別を否定するような論理を鮮明にしようとしているということである。

しかし、われわれが誤ってはならないことは、現実には釈尊の時代にあっても、やはり「生まれ」という事実から、それぞれの人生に差別がまとわりついているということである。

私たちが、その歴然とした現実に目をつぶって、この冊子『差別問題と業論』の中でいっているように、もしこの業が伝統教学的、常識的に考えられているような過去世につくった「業」ということであれば、前生の業によって、今生《こんじょう》でバラモンの子として生まれたからバラモンということになる。

私は、拙著『業・宿業観と人間解放』以前（一九八〇年ごろ）は、この偈のもつ意味を、「人間のあるべき姿」をうたったものという水準でしか理解していなかった。

しかし、いくらなんでも、理想に燃えて、あるべき人間社会の姿を追求した釈尊ほどの人が、現実を無視した論理を展開するはずはない、という疑問をもつようになった。そこで、次のような解釈はできないかということを提起するようになった。

さきにも、多少ふれたところであるが、「生まれによってバラモンなのではない」の「生まれ」は単なる生命現象としての誕生ということをさすものである。しかし、人間というものを深く洞察し、その社会性、歴史性を考えてみるなら、一個の人間の生誕に至る歴史は、それぞれの人間が、「人類始源の歴史に遡って」（佐々木現順）動きと進化、発展の中においてとらえなければならない。この冊子（『差別問題と業論』）における論理は『スッタ・ニパータ』を、引用をすることによって「生まれ」という事実を基点として、「生まれ」てから以後の行為だけを思わせるようなことになっているところに、誤った受け止めが起きるのである。そして、それは前にも述べたように、あまりにも現実を無視した論理ということになってしまう。それなら、この矛盾をどう考え、どのように論理的整頓をしていくかということが問題となるのである。

ここでいう「業」を「出生によるバラモン」の事実と合致させながら、しかも、「生まれによってバラモンなのではない」の二律背反のようにみえる論理的矛盾を「業によってバラモンなのである」の、弁証法的止揚に到達させせなければならないのである。このように思索を凝らしていくと、論理的には筋の通ったものになってくる。「生まれ」と「業」を対置させつつ、しかも、統一させるというのは弁証法哲学の正反合（統一）の論理なのである。ここに至って、『スッタ・ニパータ』の真の意味が理解できるというものである。

単なる「生まれ」というのは、人間界と自然界の今日によって来たる「因縁」ということを考慮に入れることなく、どこまでも現実に人間の目でみえる範囲においてとらえられた「生まれ」の事実をさしたものである。

「業」は、この「生まれ」による個々の事実の相違性は、単に自然性としての「生まれ」ではなく、一人の人間が「出生」に至るまでの長い長い歴史の集積、経過の重みであり、それは長い歴史の間における人間の行為の総和である。そこから「業」の果報というものが現象するのである。そういう果報なるものを明らかに観ようというのが、仏教で言う内省であり諦観である。

釈尊が、「業」なる言葉を使っているのは、行為という原意をもつ「業」なる言葉をこの偈の中で、通常いわれているところの「機の深信」という重厚なる「歴史版」（人類の始源よりこの方）というほどのものである。「生きる」という言葉の中には、単に生息しているという意味もあれば、生活するとか生きぬくとかの意味も含まれている。それと同じことで「生まれによってバラモンなのではない」という言葉に続いて、現に「生まれによってバラモン」になっている事実を、もしとらえないとすれば、「業によってバラモン」になるのである、という偈は、長い人類の歴史における「業」を背負っている「生まれ」と解さなければならないと思うのである。私はこれ以上拙書の論理から考察することを避けたい。冗長になるということと三十年も前の、私の文章が拙劣であることを恥じるからである。

要するところ、古き悪しき「業論」を否定して、今日の部落問題をはじめとするあらゆる人権問題の解決を視野に入れて、なおかつ整合性のある仏教の論理でなければならないということである。

『スッタ・ニパータ』の偈を引用して『差別問題と業論』が執筆されているところに、論理の無理があるといいたいのである。「業」とか「宿業」とかいわれるものを、佐々木現順先生のいわれるように「人類の始源に遡って」考えなければならないほどの、人間の歴史的行為の集積してきた果報として、個々人の肩にのしかかっているものと私は考えている。

この考えに立てば「同和対策審議会」答申にいう「同和問題の解決は国の責務であり国民的課題」というものがすんなりと胸におちるということはさきにもいったとおりである。単に倫理・道徳の範疇からのみでなく哲学的、歴史学的、しかも最近、脚光を浴びている分子生物学の立場からも説明のつく「宿業論」ということになる。「共業」（社会業）という概念がそれである。この概念は古くから、いわれているところであるが、これの対語ともいうべき「不共業《ふぐうごう》」（個人業）の方が膨張して大勢を占め、親鸞が「煩悩具足の凡夫」といったのはそんな狭義な意味でいったのではないが、歴史はいつの間にか、迷路に入って、真の信心を阻却することになっているのが現状である。

「共業」は「社会構成員の行為の歴史的集積でありその果報である」と規定しておきたい。このことを認めたうえで「信心第一主義」というなら、それは金剛の信というべき、宗教者の境地ということになる。本書で問題にする本願寺派の部落差別とそれを支えることに、結果として加担している宗教家のものの考え方と、さらに、その奥に潜む経典の中の数々の差別思想に、どういう態度で臨むかということが、実はこのあたりに原点があるといわねばならない。

「大慈大悲」「摂取不捨」の本願力というなら、とるべき道、歩むべき道は、自然に明らかとなるべきところであろう。

第5章　『観無量寿経』の教え

「是旃陀羅」の痛み

『観無量寿経』の「旃陀羅《せんだら》」の部分をいかに擁護するかに腐心する人々は、やはり、われわれの評価とすれば、差別というものがどれほど人間を傷つけるものであるかを、あまり真剣に考えていない人々というしかない。

自殺にまで追い込む差別。「大慈大悲」の徹底した人間尊重の立場からすれば、『観無量寿経』の「是旃陀羅」の教説部分は、被差別者にとってはやりきれないほど、心に痛みを感じるところである。

私は友人・知人が世間話に花を咲かせ、つい話の内容が私の地域周辺のことに及ぶようなとき、親しき友だちの場合でも彼らとの人権感覚の違いを恐れる。時として、差別語が飛び出す心配があるからである。少年時代、自分が被差別部落の出身者であることを自覚するようになって、その世間話に、直接的、または間接的に自分と、自分に近い関係にある者が差別され、貶められるのではないかということを恐れたのである。

自分の恐れていることが友人仲間の楽しい饒舌の中で出てくる。私の胸はいいようのない痛みを感ずる。人間は、本来自主的なものである。自主ということは、自己を大事にするということである。自己を大事にするということは自己を主張するということでもある。

私のような立場にない人にはなかなか理解が得られないかもしれないが、こんなときどんな痛みを感じるかというと「胸が締め付けられる」というようなものではない。「一瞬、胸に激震が走る」「ドキッと胸が一瞬激しく上下に動く」といった感じである。それを知らずに友人たちは依然として喋り続ける。そのときの心臓の激震と、直後に感じる「孤立感」はいいようのないものとなり、心臓の受ける激震はおそらくあの一瞬だけでも、「寿命」が三日ぐらいは縮んだのではないかと思われるぐらいである。恐れている差別語が自分の血縁とか地縁に及ぶとき、寿命の縮むような悲しみと痛みを感じるのである。「踏まれた者の痛みは、踏まれた者でないとわからぬ」という言葉をもって糾弾闘争では責任追及を行う。私のような「心理的経験」は、同じ社会的立場の者でないと味わうことはないのではないかと思っている。

体中の血流が一瞬止まり「ドキュン」と心臓が揺さぶられ、血液が逆流し衝突しながら、ある時間をかけて流れながら再び元に戻っているのではないかと、私は自己診断しているぐらいである。弱気の人が自殺に及ぶのは、そのような痛みのなせる業なのである。

被差別者以外の人が、よほど他人にいってもらいたくない「秘密」をもっているときこのような経験をすることがあるかもしれない。しかし、私の場合幼少のころから、自身の出生にまつわる被差別の立場に気をかけるような、成長の過程で味わってきた「胸の痛み」なのである。

その「是旃陀羅」の問題というのは、『観無量寿経』の中でどのような教説的、論理的展開をしているのであろうか。そしてそれを『教行信証』の中で浄土真宗の開祖・親鸞はどう受け止めていたのであろうか。

『観無量寿経』に描かれたドラマ

私は広島県における同朋三者懇話会など、僧侶との議論の場において親鸞という人の偉大さは高く評価するが、この人の言動なり、思想を全知全能の神のごとく絶対視してはいけないと主張している。ここまでを前置きにして、さきにも書いておいた『顕浄土真宗教行証文類』の「総序」の前段のところで書かれている、『観無量寿経』あるいは仏教の説くところの全体に対する評価のようなところを引用して読者の皆さんと一緒に考えてみることにしたいと思う。

「ひそかにおもんみれば、難思の弘誓《ぐぜい》は難度海《なんどかい》を度する大船、無碍の光明は無明の闇を破する恵日《えにち》なり。しかればすなはち浄邦縁熟《じようほうえんじやく》して、調達《じようだつ》（提婆達多）、闍世《じやせ》（阿闍世）をして逆害を興ぜしむ。浄《じよう》業機彰《ごうきあらわ》れて、釈迦、韋提《いだい》をして安養を選ばしめたまへり。これすなはち権化の仁、斉しく苦悩の群萌を救済し、世雄の悲、まさしく逆謗闡提《ぎやくほうせんだい》を恵まんと欲す。ゆゑに知んぬ、円融至徳《えんにゆうしとく》の嘉号《かごう》は悪を転じて徳を成す正智《しようち》、難信金剛の信楽は疑を除き証を獲しむる真理なりと」（『聖典』一三一頁）

簡略に説明してみると、仏教というものは、大変荒れ狂う大海の波をも乗り切るような大きな船のようなものである。暗闇を輝かし、明るみを生み出す太陽のようなものである。そのたとえとして阿闍世が父の王位を奪おうとし、父を幽閉した。これを救けんとして、こっそりと食べものを牢に運んだ母・韋提希をも殺害しようとたくらんだ。釈尊はそこで悩む韋提希の心をやわらげ、安養の境地に導いたという物語で、「円融至徳の嘉号は悪を転じて徳を成す正智、難信金剛の信楽」と表現しているわけである。

少しばかり長い引用になるが『観無量寿経』の経文（和讃）からこのくだりを引用してさらに考察を深めることにしたい。父の王位を奪おうとして、父王を幽閉している状況から引用する。

「ときに阿闍世、守門のものに問はく、『父の王、いまになほ存在せりや』と。ときに守門の人まうさく、『大王、国の大夫人、身に麨蜜《しようみつ》を塗り、瓔珞《ようらく》に漿《しよう》を盛《い》れて、もつて王にたてまつる。沙門目連および富楼那《ふるな》、空より来りて王のために法を説く。禁制すべからず』と。ときに阿闍世、この語を聞きをはりて、その母を怒りていはく、『わが母はこれ賊なり。賊と伴なればなり。沙門は悪人なり。

幻惑の呪術をもつて、この悪王をして多日死せざらしむ』と。すなはち利剣を執りて、その母を害せんと欲す。ときにひとりの臣あり、名を月光《がっこう》といふ。聡明にして多智なり。および耆婆《ぎば》と王のために礼をなしてまうさく、『大王、臣聞く、〈毘陀論経〉に説かく、〈劫初《ごうしょ》よりこのかたもろもろの悪王ありて、国位を貪るがゆゑにその父を殺害せること一万八千なり〉と。いまだかつて無道に母を害することあるを聞かず。王いまこの殺逆の事をなさば、刹利種を汚さん。臣聞くに忍びず。これ栴陀羅なり。よろしくここに住すべからず』と。ときにふたりの大臣、この語を説きをはりて、手をもつて剣を按へて却行して退く。ときに阿闍世、驚怖し惶懼《おうく》して耆婆に告げていはく、『なんぢ、わがためにせざるや』と。耆婆、大王にまうさく、『つつしんで母を害することなかれ』と。王、この語を聞きて懺悔して救けんことを求む。すなはち剣を捨てて止まりて母を害せず。内官に勅語し深宮《じんぐ》に閉置して、また出さしめず」（『観無量寿経』『聖典』八八～八九頁）

ここまでが、ドラマの一幕である。その後殺害をまぬかれた母がどのようになったかというのが、この教説の比喩の内容として第二幕となるのである。

「ときに韋提希《いだいけ》、幽閉せられをはりて愁憂憔悴す。はるかに耆闍崛山《ぎしゃくっせん》に向かひて、仏のために礼をなしてこの言をなさく、『如来世尊、むかしのとき、つねに阿難《あなん》を遣はし、来らしめてわれを慰問したまひき。われいま愁憂す。世尊は威重にして、見たてまつることを得るに由なし。願はくは目連と尊者阿難を遣はして、われとあひ見えしめたまへ』と。この語をなしをはりて悲泣雨涙して、はるかに仏に向かひて礼したてまつる。いまだ頭を挙げざるあひだに、そのとき世尊、耆闍崛山にましまして、韋提希の心の所念を知ろしめして、すなはち大目犍連および阿難に勅して、空より来らしめ、仏、耆闍崛山より没して王宮に出でたまふ。ときに韋提希、礼しをはりて頭を挙げ、世尊釈迦牟尼仏を見たてまつる。身は紫金色にして百宝の蓮華に坐したまへり。目連は左に侍り、阿難は右にあり。釈・梵・護世の諸天、虚空のなかにありてあまねく天華を雨《あめふ》らしてもつて供養したてまつる。ときに韋提希、仏世尊を見たてまつりて、みづから瓔珞を絶ち、身を挙げて地に投げ、号泣して仏に向かひてまうさく」（同上、八九～九〇頁）。

ここまでが、殺害を叫ぶことから、一応はのがれることのできた、韋提希（母）の、愁憂に狂い、身は憔悴しきって、仏に教えを乞うに至るところからはじまる。

第三幕は、韋提希が仏に、その悩みを訴えるところである。

「『世尊、われむかし、なんの罪ありてかこの悪子を生ずる。世尊また、なんらの因縁ましましてか、提婆達多とともに眷属たる。やや願はくは世尊、わがために広く憂悩なき処を説きたまへ。われまさに往生すべし。閻浮提《えんぶだい》の濁悪《じよくあく》の世をば楽《ねが》はざるなり。この濁悪の処は地獄・餓鬼・畜生盈満《ようまん》し、不善の聚多し。願はくは、われ未来に悪の声を聞かじ、悪人を見じ。いま世尊に向かひて五体を地に投げて哀れみを求めて懺悔す。やや、願はくは仏日、われに教へて清浄業処を観ぜしめたまへ』と」（同上、九〇頁）

この第三幕は韋提希が、釈尊にその苦悩する心を打ちあけ、何とか安楽の境地を教えてもらいたいとしたところである。これに対して三幕の後段が、釈尊の教える内容ということになるのである。「そのとき世尊、すなはち微笑したまふに、五色の光ありて仏の口より出づ。一々の光、頻婆沙羅《びんばしゃら》の頂を照らす。そのとき大王、幽閉にありといへども心眼障なく、はるかに世尊を見たてまつりて頭面、礼をなし、［王の心は］自然に増進して阿那含《あなごん》と成る。そのとき世尊、韋提希に告げたまはく、『なんぢ、いま知れりやいなや。阿弥陀仏、ここを去ること遠からず。なんぢ、まさに繫念《けねん》して、あきらかにかの国の浄業成じたまへるひとを観ずべし。われいまなんぢがために広くもろもろの譬へを説き、また未来世の一切凡夫の、浄業を修せんと欲はんものをして西方極楽国土に生ずることを得しめん」（同上、九一～九二頁）

そして韋提希に諭した内容が次のような文面となっているのである。

「『如来、いま未来世の一切衆生の、煩悩の賊のために害せらるるもののために、清浄の業を説かん。善いかな韋提希、快くこの事を問へり。阿難、なんぢまさに受持して、広く多衆のために仏語を宣説すべし。如来、いま韋提希および未来世の一切衆生を教へて西方極楽世界を観ぜしむ。仏力をもつてのゆゑに、まさにかの清浄の国土を見ること、明鏡を執りてみづから面像を見るがごとくなるを得べし。かの国土の極妙の楽事を見て、心歓喜するがゆゑに、時に応じてすなはち無生法忍を得ん』と。仏、韋提希に告げたまはく、『なんぢはこれ凡夫なり。心想羸劣《しんそうるいれつ》にして、いまだ天眼を得ざれば、遠く観ることあたはず。諸仏如来に異の方便ましまして、なんぢをして見ることを得しむ』と。ときに韋提希、仏にまうしてまうさく、『世尊、わがごときは、いま仏力をもつてのゆゑにかの国土を見る。もし仏滅後のもろもろの衆生等、濁悪不善にして五苦に逼《せ》められん。いかんしてか、まさに阿弥陀仏の極楽世界を見たてまつるべき』と。仏、韋提希に告げたまはく、『なんぢおよび衆生、まさに心をもつぱらにし念を一処に繫けて、西方を想ふべし。いかんが想をなす。おほよそ想をなすといふは、一切衆生、生盲にあらざるよりは、有目の従、みな日没を見よ。まさに想念を起し正坐し西向して、あきらかに日を観じて、心をして堅住ならしめて専想して移らざれば、日の没せんと欲して、状《かたち》、鼓を懸けたるがごとくなるを見るべし。すでに日を見ること已《おわ》らば、閉目・開目に、みな明了ならしめよ。これを日想とし、名づけて初めの観といふ』」（同上、九二〜九三頁）

釈尊が、韋提希の悩みに応えて、阿弥陀仏の建立している国土をみる方法について語ったところである。ここにいう初の観（日想）から水想に続き「仏は常に不請《ふしょう》の友となって、特に苦しみ悩む者に寄り添い、連帯していかれることを示しています」（中西智海『浄土三部教の心』六八頁）。「善導大師はこの一段を『欣浄縁』と名づけられました。煩悩に汚れた苦悩の世界を厭う韋提希夫人が、浄土を欣うようになった機縁が説かれているからです」（同上、七八頁）

『観無量寿経』のこのあたりは、私の浅学をもって説明するより、次なる文章の引用の方が、よかろうと思われる。それは、このあたりを、いな『観無量寿経』の全体的思想を親鸞がどうとらえていたのかも、ヒントを得られるかもしれないと思われるからである。

「このように受けとめますと、頻婆沙羅王も、阿闍世も、韋提希夫人も、提婆達多さえもが、私に、煩悩が渦巻く穢土の厭うべきことを知らせ、浄土を願うべきことを知らせるために浄土から来現された還相《げんそう》の菩薩であると受けとめられるというのが、親鸞聖人の領解でありました」（同上、八〇頁）

王舎城の頻婆沙羅王や、韋提希の悲劇のドラマというか、よりドラマ的な話を出しながら、こういうありがたいお念仏の教えが説かれているということを、中西智海師はいわれている。

「具体的には『浄土和讃』の中の『観経讃』に、『弥陀・釈迦方便して阿難・目連・富楼那・韋提・達多・闍王、頻婆沙羅・耆婆・月光・行雨等』とありますが、親鸞聖人はこれらの人々は、人生の実相を教えて、それに気づかせて浄土を願うように導いて下されたのだということで、『大聖おのおのもろともに、凡愚低下のつみびとを、逆悪もらさぬ誓願に、方便引入せしめけり』と詠われています」（同上、八〇～八一頁）

ここまでの論理の筋書きは親鸞が『観経』にいう王舎城の悲劇は、関係者すべての「こころ」と行動の「ドラマ」を通じて、煩悩の渦巻く姿を示しているということである。しかし、この悲劇の中に織りなす人間模様が煩悩の熾盛《しじょう》する矛盾を「ドラマ」よりも「ドラマ的な話」によって、ここでいろいろ「なんじ韋提希および衆」に示さんがための「すべてお手回しであった」（中西智海師の表現）と浄土真宗では、本願力の「不思議」を表現することについては、キリスト教の「全知全能の神」と同質のものになるので、私としては納得し難い。親鸞が本当に、阿弥陀仏の「お手回し」として領解していたかどうかも疑わしい。私は親鸞が「すえとほりたる」（一貫性ある論理—筆者）ことを非常に気にかけ、阿弥陀仏のことを「自然のやうをしらせん料なり」（「御消息」十四）としているものと領解させてもらっている。

しかし、ここまできて確認できることは、「ドラマ」に展開されている人間模様を「煩悩具足の凡夫」の浅ましい姿であると共感を覚えても、「韋提希および衆」の苦悩を解決するみちすじを、これまでの浄土真宗の各教団のいう「他力の信」（とりわけ伝統教学にいう業・宿業とか、社会性を捨てるための信心第一主義など）に頷くわけにはいかない。

親鸞が受けとめたもの

「是旃陀羅」をどうみるか。なぜ親鸞がわざと「是旃陀羅」のことについて『教行信証』の「総序」の中で避けて通ったのか。この点から論議されていないように思われる。私は親鸞思想に接するたびに、「すえとほりたる」の言葉を思い出す。それは親鸞という人の、徹底した思想分析に通ずるからである。私がそれを重視するのは、この人ほど論理の一貫性を気にかけた人はいないと思うからである。そうでなければ『教行信証』にみられる七高僧のそれぞれの諸説を、「他力の信」の観点からあれほど体系的にまとめられないと思うからである。ここまで考え続けてくると、親鸞の和讃の次のところに突き当たる。「耆婆・月光ねんごろに、是旃陀羅とはぢしめて、不宜住此と奏してぞ、闍王の逆心いさめける」（「浄土和讃」観経讃十三『聖典』五七〇頁）

ここに、こういう理解をする人がいる。

「『是旃陀羅』という言葉を親鸞が使っているからといって、それを即差別思想の表れと断ずることは早計である」と。

親鸞はまず『観経』の中で展開されている人間模様（ドラマ）を、そのまま事実を描写（直叙）しただけであるという理解である。だが、それにしても「一切の衆生を救けずんば、われは正覚を取らじ」とする浄土真宗の、「他力の信」を説く立場の人である。その人が、この「是旃陀羅」という言葉に何の「引っかかり」も感じなかったのであろうか。仏心の「大転回」を演ずることによって、韋提希をはじめ、このドラマに接するすべての人に「仏心」というものを説こうとするとき、とても素通りできるものではないとしなければなるまい。

「いし・かはら・つぶてのごとくなるわれらなり」（「唯信鈔文意」『聖典』七〇八頁）という自覚の人生観をもった人が、どうして、ここを素通りしたのであろうか。よくよく和讃に目を通してみると、やはり、素通りはしていないことが分かる。ここは、すでに引用文を掲げていることによっても、私の脳裡には明確に記憶されているところである。では、親鸞は、どのように考えて、さきの和讃のような表現で取り上げたのであろうか。

部落解放運動による、「同対審」答申以後の進展具合からして、多くの学者・論者が、韋提希をはじめとする煩悩具足の凡夫の悲劇については盛んにふれてはいるが、明治期、大正期ほど「是旃陀羅」の問題につき、言い訳的注釈を含め、これにはふれようとしなかった。親鸞もここにふれずして、「王舎城の悲劇」が教える仏教的説話の展開はできたはずである。

だが和讃では、「是旃陀羅とはぢしめて」と表現し取り上げている。和讃を読んだときの私の印象は、親鸞はここでは「是旃陀羅」ということについて、身体を「ハスに構えている」という感じがしたのである。自分自身の「主張」としては、あまりにも、この表現、つまり、「旃陀羅」という言葉を使うことは、憚るところがあったのではないか。「自己の主張」ではなくこういう事実があったと、そこに自己の良しとする価値観を加えずに、いわば第三者的、傍観的に表現したということであろう。あの頑強な阿闍世の父殺し、母殺しの執念を月光、耆婆の「是旃陀羅」で翻意させるほど、強烈な一撃となって、効果をもったのである。人間の差別観念（煩悩の発露）というものが、支配とか被支配の道具として思想的にも、実際の政治的手法においてもいかに効果的であり、強力なものであるかを如実に示している。親鸞において、それを感じないわけにはいかなかった。とりわけ、「王いま此の殺逆の事をなさば、刹利種を汚さん」のセリフに阿闍世は驚いたのである。「刹利種」というのは家柄、つまり、王族としての家柄・血統を汚すことになり、最下層の「旃陀羅」になるということで、それがいかに大きなことであったかということを意味しているのである。すぐれた歴史的インスピレーションを持ち合わせている親鸞も、此の当座の母殺しを停止させる文言に疑問を感じつつも、いわば傍観者的に距離を置いて、ここの和讃というものは書かれたのではないかと想像する。「刹利種」云々は今日的な言葉でいうなら、憲法や人種差別撤廃条約でいう「社会的身分」「門地」であり、人類は長い歴史の試練を経験し、人権を「人類普遍の原理」とするところまで思想的に深化させてきた。親鸞は下級貴族の出身として、その世界で出世の余地のない状況下で、仏門に身を置いた人である。身分と権力ということについては身につまされる人生を経験した人である。この人の才能で、そこを完全に素通りしてしまうことができるはずはない。親鸞は後日、自分自身の主張として、紛らわしく人々がこれを読むようなことになってはとはばかり反省し、自己の記したものが思想的不充分さを内包していることに宗教的良心から、そのままにしておくことはできないと自己を責めることを忘れなかった。

親鸞思想の一貫性

ここで一つの事実を挙げて、私の思いを述べてみる。いまの日本の紙幣の中の一万円札は最高値のものである。その紙幣には福澤諭吉の肖像画が印刷してある。その福澤諭吉の『学問のすゝめ』に「天は人の上に人を造らず人の下に人を造らず」とあるが、人間平等を求めたと思われる彼の文章の末尾には、（先進ヨーロッパ諸国では）「と云へり」（といわれている）と書かれており、自己の主張ではなく、ここでは少し半身に構えて、先進地ではそのようにいわれているると述べているのである。「封建制は親代々の仇でござる」といった福沢の文章にしては、その歯切れの悪さに、意外なものを感ずるのである。それでは、親鸞の和讃は、それと同じ構図なのかということになるが、私はふと気づいたことがある。「いし・かはら・つぶてのごとくなるわれらなり」の思想との関係においてである。親鸞は、権力の弾圧にもめげずに、生涯を貫き通し、頑張り続けた人である。そのように中途半端な思想で終わるような人ではない。ただこの人を信頼する人々は、あまりに絶対視することによって、親鸞思想を誤って理解する場合がある。八百年もの昔に天皇制権力にも臆せず、「主上臣下法に背き義に違し、忿りを成し怨みを結ぶ」と、批判したほどの人である。「是旃陀羅」の和讃の、不徹底な思想は、必ずどこかで反省し、それを償うべき文言を残されているに違いないというのが、私の考えである。私はそれを前述したように「さまざまのものは、みな、いし・かはら・つぶてのごとくなるわれらなり」〔「唯信鈔文意」『聖典』七〇八頁〕に求める。

このあたりの文章を、もう少し引用するなら、「れふし・あき人、さまざまのものは、みな、いし・かはら・つぶてのごとくなるわれらなり。如来の御ちかひをふたごころなく信楽すれば、摂取のひかりのなかにをさめとられまゐらせて〔中略〕摂取のひかりと申すは、阿弥陀仏の御こころにをさめとりたまふゆゑなり」〔同上、七〇八頁〕というわけで、「摂取不捨」の概念をもって人々はみな平等だということを強調されているのである。

さきにもふれたが、二〇一二年、寂静寺で起きた「過去帳」開示問題は、昭和十年ごろ（推定）、被差別部落の門徒二十数軒を追い出すという、差別的なことと深い縁でつながっている。本願寺教団はいまもって、この「摂取不捨」の教義的概念について、議論しようと申し入れているにもかかわらず、一言の弁明もない（二〇一三年十二月五日現在）という有様である。少し論題からはずれたようであるが、要は親鸞があの和讃で「是旃陀羅とはぢしめて」と書いたことは親鸞思想としてはそれで終わっていないということである。親鸞が和讃に筆を執ったのは、一二四八年のことであり、『唯信鈔文意』をあらわしたのは、一二五〇年、七十八歳のときのことである。自らの人生の晩年の近いことを考えて、ここを「具縛の凡愚」「屠沽の下類」あたりから、「あらあら申すなり」（概略のこと）といいながら、詳しく書いているのはおそらく、私が推測している「親鸞の心境」が、そうであったのではないかということである。

「是旃陀羅」と、親鸞でさえ書いたぐらいだから、経典の歴史とその重みを考えて、現在の教団関係者が、いかんともしがたいことだとする言い訳が横行している。

中には、『観無量寿経』の「是旃陀羅」なる差別文言をもって、「親鸞の教えをいただくものとして、常に『反面教師』とさせていただかなければならない。そのことの教材としてこの経典に、改廃の手は加えるべきでない」という論をしばしば聞くのである。しかし、この論は重大なことを忘れている。「是旃陀羅」（これ穢多・非人と同然なり）を悪の代名詞のように使っていることから来る差別の拡散については、全く考慮がないという致命的欠陥である。このことは、日本社会のその後の常識と緊密な「縁」と結びついて、『観経』はその権威を保ち続けた。「昭和十五年」の本願寺教団からの通達は差別の拡散ならぬ権威の拡散ともいうべきものだった。これは天皇家に対する親鸞の教えの中に、「敬意」の欠けたところがあると詳細に列挙して、読み替えを指示したものである。その中には「聖経」の文字もあるわけで、われわれの指導者であった故松本治一郎初代委員長がいったようにまさに「貴族あれば賤民あり」の社会的構造とそれを支える論理が宗教論の中に、その居所を構えているといわなければならない。

「是旃陀羅」は日本社会の現状からすれば、ただちに、身分差別の穢多・非人と結びつく。被差別部落民が今日まで、さまざま苦しまねばならなかった大きな原因の一つに、この『観無量寿経』の説話が、連綿と続けられてきたことが挙げられる。私は、本書を世に問うにあたって、親鸞に魅せられつつも、あえて、本書の副題に「仏教の中の差別と可能性を問い直す」と付けたのは、そういう意味をもってのことである。

仏教における、とりわけ、浄土真宗教団における差別思想が、時代の流れとともにどのように増幅してきたかということを問題にすることは、非常に重要なことである。いまなお浄土真宗本願寺派のみならず、日本仏教界にいまわしい差別思想に拘泥する僧侶がいるのは、仏教の源流を学ばず今日の社会の矛盾の「縁」をかぶり続けているからである。

第6章　釈尊の原始仏教の姿勢

現代の仏教の中にある差別観

今日の仏教界、特に浄土真宗が部落差別についてどう考えているかは、釈尊の時代とは大きく異なるものに変容していることを問題にすることからはじめなければならない。本章ではあらためて浄土三部経、ここでは『観無量寿経』の、いわゆる「王舎城の悲劇」における阿闍世の父母殺し（「是旃陀羅」の文言が人倫上、道徳上好ましからぬ比喩として使われた）について論じたい。それが長い間どのように語られてきたか、それがいかなる社会問題として存在したのか。明確にいえることは、命をも奪うような苦しみを受ける人間を生み出したかということにはほとんど目を向けてこなかったということである。

「母を殺すようなものは、穢多と同然の人間ということになりますよ」と阿闍世王を耆婆・月光の二大臣が諫めたという物語である。

このような差別思想が展開されている『観無量寿経』をいくら漢文読みになっているからといって、僧侶が平気で、たとえそれが法事・法要の際であろうが、当の被差別民の前で読みあげられているのであるから、僧侶の宗教的良心というものを疑わざるをえない。僧侶には、それが被差別民に対する、さらなる差別観念の上塗りであることは、十分にわかっているのである。

最近になって知った話であるが、女性の葬式では、「女人成仏」が不可能なこと、それを成仏させようとするときは、「変成男子《へんじょうなんし》」といって、一旦、男になって、成仏できる道があるという「お経」(『無量寿経』第三十五願)のくだりだけは読まないことにしているという。なんとも滑稽というか、ばかばかしい話である。

しかし、相手が部落民であろうが、平然と「是旃陀羅」のところを読んでいるのである。参列者は僧侶が漢文で読んでいるということもあって、中身が分からない。聞かされている方も、ばかばかしい限りであり、読んでいる方も、おおよそ宗教的正義を放棄し、欺瞞の言動に走っている空しい労働の時間帯を過ごす宗教行事のお勤めということになろう。

いかに伝統に従わねばならないとしても、いかにそれが仕事とはいっても、宗教家の良心のかけらもないのかと、憤りを感じざるをえないということである。

この文章を読む機会に遭遇する僧侶は、「良心のかけらもない」という表現におそらくは立腹することであろう。しかし、人権に関する僧侶総体の責任放棄が札幌別院のような差別事件を起こすのである。さきに述べた被差別部落の門徒を二十数軒追放しているという事実も、このような差別的土壌から発生していたものといえよう。

凡夫たる人間の感情や意識・思想において部落に対する差別感情はもっているけれど、その他の差別についてはもっていないといえるものだろうか。女性は女性として、外見上よほど男女の見分けのつかぬ服装をしているような場合は別として、これを見誤るようなことはない。目や耳に障がいがあれば、多少の交際のある人なら、これを見誤ることはない。手足に不自由を感じている人に対してもまた同じである。

しかし、部落の人々は外見上世間一般の人々とは、何も変わったところはない。部落差別はインビジブルである。差別者は犬のごとき鋭い臭覚をもって、日本社会が歴史的に支配の都合で作り上げた被差別の立場の者を探り当て、差別を行うのである。札幌別院に書き込まれた差別落書きは典型的な事例である。四代も五代も前に本土から北海道に来て、そこに寺院を開いて平穏な暮らしをしていたこの寺の寺族に、突然に人々の白い目を集中させるといった具合である。被差別部落の場合は、個人はきわめてインビジブルであるが、人口移動のあまりない農村集落などにおいては、昔から被差別の対象者を、地域的なことも含めて言い伝えて、その意地汚い煩悩（差別観念）を満足させるのである。差別によって漁夫の利を占める支配階級は、「渡りに船」と大掛かりな煩悩を満足させているということである。

部落に対する差別は、それだけしつこい人間のもっている汚濁に満ちた「性《さが》」ということなのである。仏教が「煩悩具足の凡夫」を説き「機の深信」を説いて、「本願力を疑うな」と浄土を明示するというなら、この問題の解決に、もっともっと力を入れるべきであろう。

時の権力はその隙を狙って、部落差別の温存にぬかりなく手段を講ずるのである。政党間の対立を利用するとか、宗教の誤った精神主義を利用するとか、貧しい人々のささやかな優越感をそそのかすとか、さまざまな手法を使って、資本の欲望を満足させる政策を打ち込むのである。

われわれは、これまでの解放運動を通じて知っている。インビジブルなものを探しあて、自己の優越感に浸ろうするのであるから、差別の解消は並大抵のことではない。女性差別、障がい者差別などもさまざまな仏典の中で随所にみられる。仏は本来どのようなものであったのだろうか。釈尊が没してから、どれくらいの歳月をかけた後、浄土三部経は書かれたのであろうか。専門家の研究では、そのあたりのことは分かっているはずである。時代の経過とともに、釈尊の教えが変質していったものと私は考えている。

より釈尊の教えの原点に

ここに一つの著作がある。『仏教の源流』（長尾雅人著）というものである。「カーストを否定した釈尊」という見出しがついていたが、「釈尊の教団だけがその通念を破って、どの階級のものも平等に教団に入ることができたということは、驚くべきことだったのです。非常にデモクラティックであったといわねばなりません。仏弟子のアーナンダ（阿難）が、チャンダーラ（不可触賤民の一つ）の娘が汲んでくれた水を押しいただいて飲んだということが経典に出て参りますが、当時の人にとってそれは、大変な驚きだったろうと思われます。このような平等思想は、仏教がある階級だけの仏教ではなく、ある種族だけの、あるいは、ある民族だけの仏教でもなく、全人類に平等の教えであったことを示しています」（長尾雅人『仏教の源流』二六頁）。

私自身もインドを訪問し、アンベドガル（ネール内閣の法務大臣）の提唱したヒンドゥー教から、人間平等の仏教に不可触民を束ねて、転宗したことに触れた旅をしたことがある。「戦後の独立インドの初代の法務大臣を勤めたことのあるアンベドカル博士は、不可触賤民の出身でしたが、幸いにしてアメリカその他で教育を受けることができ、仏陀の平等主義の精神に深く感銘を受けたということです。自ら仏教徒となることを決意し、一九五六年の秋に改宗の式を行いましたが、この時、彼と共に仏教へ改宗した人が約五〇万人いたということです」（同上、二六〜二七頁）。

われわれは、その人たちの礼拝所へ仏像を寄付したことがある。真に折り目正しい人々で、これらのニュー・ブディストといわれる人々と直接お会いし、その立場の、奨学資金で勉強をしている青少年とも会った。その生活態度、道徳的姿勢には目を見張るものがあった。

原始仏教の状況を伝える著作の中には、いくらでもカーストのしがらみを乗り越えて、女性がバラモンの立場の人に説法し、釈尊の仏教の正当性を認めさせたというようなこともしばしば出てくるようである。問題はどうして『観経』にみられるような、公然たる身分差別の肯定・容認が経文の中に書かれるに至ったのか。どうして「弥陀の誓願」といわれるものの中に「変成男子」のような性差別を肯定する詭弁が入り込んだのであろうか。

いまわれわれは、さきにもふれた広島県三原市・寂静寺の事件について、「是旃陀羅」の思想と合わせて、被差別部落の門徒二十数軒をこの寺から追放したという前代未聞の奇怪な事件を、教義的水準において、本願寺教団に議論を申し込み、追及しているところである。この人たちに、まず原始仏教・釈尊生存中の仏教が、人間平等ということについてどう考えていたかということを、確認してもらわなければならない。原始経典とされている『スッタ・ニパータ』をみることも必要である。しかし、第3章でも述べたように、この原始経典を棒読みしただけではだめで、よくよく咀嚼しなければならない。そのことについて、重複をいとわず、ここで引用してみると「生まれによってバラモンになるのではない。また、生まれによって農民になるのでもない。それは業によって、バラモンにも、農民にもなるのである」という趣意のことが書かれているのである。

同じく原始教典とされている『サンユッタ・ニカーヤ』の中にも、それと同じようなことが書かれている。「バラモンといわれる人であっても、心の中は、汚物で汚染され欺瞞にとらわれている。クシャトリヤ（王侯・武士）であれ、バラモンであれ、ヴァイシャ（庶民）であれ、シュードラ（隷民）であれ、チャンダーラ（旃陀羅）や汚物処理人であれ、精進に励み、自ら努力し、常に確固として行動する人は、最高の清らかさを得る。このような人たちがバラモンであると知りなさい」（植木雅俊『仏教、本当の教え』一五頁）。

善根を唱えるのがバラモンの仕事である。皮肉にもそのバラモンに、この文章を唱えさせたのであるから、釈尊は非常に人間平等ということについては厳格であったといわなければならない。

また、この植木雅俊という仏教研究家は、このことについて、中村元先生の『原始仏教の社会思想』から引用し、「仏教では意識的に最下の階級であるチャンダーラと同じ境地に身を置いたらしい。仏教の修行僧は袈裟をまとっていたが、袈裟をまとうということは、古代インドではチャンダーラの習俗であったからである」と紹介している。部落解放理論では、「社会意識としての差別観念」というが、この差別観念がいかに根深いものであるかということは、私のように選挙を何度もやった者には、心に深くささってくるものがある。選挙ポスターに差別落書きをされたりする。政敵のやることとは思うが、ひどいのは賤称語を書きなぐる落書きもある。それが効果を上げるのであるから、その深刻さをつくづく思い知らされる。仏教はインドで生まれた。どうして仏教が根づかなかったのか。どうしてアジア諸国に広がったのに肝心のインドで衰退してしまったのか。

さきの植木雅俊は、これも「中村元先生の著書から」と前置きをして、前掲の『仏教、本当の教え』の中で「仏教とほぼ同時期に興起したジャイナ教も初めは仏教と同じ立場をとっていたが、後世になってカースト制度を承認し、妥協してしまっている。それに対して、仏教徒は、最後までカースト制度を承認することはなかった。中村先生は、カースト制度の支配的なインド社会において、仏教が永続的に根を下ろすことができなかった理由の一つとしてこの点を挙げておられる」（同上、一七頁）。日本の仏教は、西暦五三八年に朝鮮から渡ってきたといわれる（一説には五五三年）。どうして日本全土に、日本固有の神道というものがあるのに、これだけ行き渡ることになったのであろうか。仏教思想の説く「人間のありよう」に多くの人が共鳴したからであろうが、当時の宗教的イデオロギーが承認し、その上に立つ古代社会において女性差別がどのような感覚で仏教で扱われていたかをみれば、容易に想像できるのである。

本書は、部落差別のことを中心テーマとして、今日の教団を批判しようとするものであるが、女性差別についてもその例を引いてみよう。輪廻観と女性差別が複合してどんなこと（話）が伝わっているかをみれば、「浄土教」とかその「論註」に伝わるように女人（女性）は五障三従、（『マヌ法典』に影響されている）の罪深い存在であり、「前生」において罪深いことをしたからに他ならないという観念が横行し、これを日本における古代仏教は「正当」な観念として扱い、歴史上さまざまな、話題が展開されているのである。

女人差別の諸相が興起する話は、『菅家文草巻十二』の「清和女御源氏（済子）外祖母多治氏の為七七日追福願文」に出てくる。ある貴族の輪廻観に災いされて、「地獄」の境涯に苦しみを味わっておるのではないかとする思いから、逝きし女性の死後の状況を知りたいと、「願」をかけるという話で、仁和二年（八八六）のことである。勝浦令子は「女の死後とその救済――母の生所と貴女の堕地獄」の中で「弟子、尊霊の住む所を知らず、何くの世界、何くの須弥ぞ、何れの生に就き、何れの道に入りしぞ」と、『菅家文草巻十二』にあると述べている。

九世紀初頭の『東大寺風誦文稿』の中にも、「我等を撫育したまいし親の魂は、今、何所にか在す。聖ならずば在す所を知らず」とある。要するに貴族間の仏教信仰の中に女人の成仏はかなわないという観念（差別）が横行していたということである。

勝浦令子はその研究の結果を次のように記している。輪廻観に基づく、女人差別の、笑うに笑えぬ信仰の状況についてである。「前世の罪により、死後に動物に生まれ負債や罪を償う話は『日本霊異記』からみえる。このような因果応報による輪廻転生説が流布し、それが次第に六道輪廻と結びついていった。そして使役された牛や馬が日常的に集まる交通の要所では、その牛や馬に父母の死後の姿をみて、その牛や馬の死は畜生道から転生したものとして供養することが盛んになったといえよう。母の生所を畜生道とみなす信仰は、このような清水坂や逢坂関など交通の要所を結ぶ形で形成され広がっていたといえる」。

勝浦によれば、母の生所を問う記録は、推古十四年（六〇六）にまでさかのぼることができるという。仏教が日本に入ってきて半世紀ほどで、早くもこのような意識・観念が生まれ、生活の余裕のある貴族の社会に伝幡していることは驚くべきことである。人間というものが「差別観念」とともに生活・思索していた証拠を何よりも明確に物語るものである。人間生活のさきのさきを予見するはずの宗教的洞察があったからこそ釈尊の原始仏教は、万人平等を唱えたのである。ほんの言い訳ほどの『無量寿経』にある「変成男子」の願など仏教徒にしてはおかしな話で、これを乗り越えられず、『浄土真宗聖典』補註の「女人・根欠・五障三従」の「このように女性や心身に障害のある者をそしりの言葉として用いることは、いまもなお行われているが、たとえ譬喩としてであれ、女性や心身に障害をもつ人を差別することは大きな誤りである」（『聖典』一五六七頁）にみられるように、いまだに言い訳的水準にとどまっていることは許されない。

そうだとすればどうするのか、いまの教団はこれを問われているのである。『聖典』の補注の内容では、第三者的評論の域を出ていないということである。

『無量寿経』四十八願の誓願のうちの三十五願には女人の劣位性を認めたうえで「変成男子」の論理展開をしているのである。せっかく『スッタ・ニパータ』や『サンユッタ・ニカーヤ』に、厳格に万人平等の思想を打ち出しているにもかかわらずである。この経典ができ上がったのは釈尊没後、三百年ぐらいのことであろうと研究者の間では推測している。日本仏教は、どうして二十一世紀の今日的合理性を踏みにじっているのであろうか。釈尊を表に立て、仏教を説くのであれば「これ以上に釈尊の言葉に近い経典は存在しないというのも事実である」（『仏教経典の世界』一四頁）とする分析を、肝に銘じなければなるまい。

部落差別に無頓着であるばかりか、差別を自らの行動（宗教的活動）の中に拡大させる方向で動くということは、どうしても許せないのである。本願寺教団をはじめ、浄土真宗十派はもちろんのこと、日本仏教界全体がそこを真剣に取り組まなければならない。

第7章　『聖典』の中にうごめく差別をどうするか

『無量寿経』の「変成男子」について

親鸞が浄土真宗の根本経典としている『無量寿経』は「われ聞きたてまつりき、かくのごとく。ひととき、仏、王舎城耆闍崛山《ぎじゃくっせん》〔中略〕神通すでに達せり」から始まって、「阿弥陀仏の極楽浄土とその仏の人類救済を説くことを主眼とするものである」(『仏教経典の世界』九三頁)。この経典の編纂成立の時期についての説であるが「最も新しい説は『般舟三昧経』等の阿弥陀仏を説く古い中国訳経典の内容の比較研究よりナーガルジュナ(竜樹、一五〇〜二五〇)より約一〇〇年ほど前に成立したという説である」(同上、九五頁)。

この成立時期を考えると、「五障三従」の女人蔑視が広く伝播している時期から「女人成仏」(罪深い女人なれど）を可能とする、釈尊の思想との整合性に苦慮したものと思われる。そこで屁理屈である「変成男子」なるものを考え出す他はなかったのであろう。姑息というか、とても長い歴史の批判には耐えられないような理屈を編み出したということである。日本の社会においては同じ仏教界にあっても、曹洞宗の道元のようにこれに異議を挟むものが出てくるということになるのである。道元は、「日本にはまことに、奇怪なことをいう者がいる。女は男に劣っているというが、男よりすぐれている女はいくらでもいる」と述べたと哲学者・永田広志は彼の著作『日本封建制イデオロギー』の中でいっている。実際は道元にも「女人差別」に越えがたいものがあったという人もいるが。

こうなってくると浄土真宗の各教団はもたなくなってくる。東西本願寺に対して、時の部落解放運動の責任者・松本治一郎（一八八七〜一九六六、当時衆議院議員）らが、「是旃陀羅」の問題を強く申し出ているのは、むろん人権上のことであるが、「女人差別」のことにも通ずる申し出であった。時は流れて、すでに八十年の歳月が経っている。本願寺教団は、それを放置したままで逆に戦時中、『経典』類の文言に、天皇家に対する「不敬」があってはならぬと、その方に気配りをして、通達を出しているような始末である。いま頑固に『経典』の歴史性にこだわり、差別文言の削除とか書き換えを拒んでいるが、いかにファッショの時代であったとはいえ、権力の方に簡単にすり寄っていくが、被差別者の方に背を向ける態度は許されない。人類普遍の原理の方向にこそ、筋の通った態度をとらなければならないはずである。いま広島県内の本願時教団の寺院が起こした差別事件を契機に、部落解放同盟広島県連合会が八十年越しの闘いをやっているというわけである。

「たとひわれ仏を得たらんに、十方無量不可思議の諸仏世界に、それ女人ありて、わが名字を聞きて、歓喜信楽し、菩提心を発して、女身を厭悪せん。寿終りてののちに、また女像とならば、正覚を取らじ」(『聖典』二一頁)というのは、今日的言葉で表現すれば、「性転換」のことであると思われるが、仏教がここでいっていることは、女性としての罪業・劣性の清算ということであり、償いということであろう。さしずめ部落差別のことでいうなれば、俗にいう支配階級が好んで使った「部落民根性の清算」ということであろう。「部落民根性を捨ててかからねば、部落解放ということはありえない」といっているに等しいのである。

差別の本質が支配階級の画策にあることを思えば、差別行政糾弾闘争によって、部落の解放は展望が開けてくるのである。女人に対する思想が差別的であったということは、決して女性の劣性に帰せられるものではなく、仏教自体が、強調する社会的抑圧の「縁」によるものであることを考えなければならない。しかし、そのときの仏教的水準、それは釈尊滅後の仏教的信念の衰退・劣化してきた時期と重なってこの程度のことをいって「お茶を濁した」ということであろう。『無量寿経』の第十八願の万人救済、と三十五願の「変成男子」との整合性を図ろうとして、下手な談議の結果、時の「社会意識」に押し流されたと考えるのが至当であろうと思われる。いかんとするところは、何でもありがたがって押し頂かなくてもよいということである。

捨てるべきものを捨てる

苦しまぎれの辻褄あわせの理屈に執着するより、珠玉のごとく光る釈尊の教理を、浄土三部教の中からより出し、そのエキスを門徒にさし示すべきである。親鸞の教えを『歎異抄』という簡潔にまとめた宗教哲学書もあるし、何より親鸞の『教行信証』が仏教的史論といってもよい論理的まとめをしている。ここをコンパクトにまとめ、もっと庶民に分かるようにこの際可能なかぎり現代語を使って、「すえとほりたる」論理にまとめ上げる必要がある。曹洞宗の『修証義』の手法は大いに参考になると思っている。差別墓石や、差別戒名の追悼法要に招かれて、そこで、読みあげる『修証義』は、われわれにもその意味を解することができる。

このような手法で仏教思想（他力の信）の思想的深みを発揮することが大事である。「他力の信」は、そこに、「人間」の「主体」をどうみるかという大変な論理的課題が潜在している。ただ「疑わず本願を信じなければ」といったぐらいでは、狐につままれた心境にしかなれない。

いまの時期、この「変成男子」の差別性を考えるうえで、差別の煩悩に災いされているわが身だと反省し、内省する水準が強く求められる。西暦紀元前後のヒンドゥー教と仏教徒の相克の激しい時代に、じりじりと仏教がインドから追われ、根づくことができなかった時代である。あえていえば、この詭弁をもってしても、釈尊の「一切衆生の救済」という仏教の原理的教説を人々に認めてもらおうとする苦心の作であったというべきであろう。

歴史というものは、今日の時点からみることがなぜ大事であるかというと、「明日からの行動・思索の指針」にとってその教訓が必要とされるからである。それと同時に、その時代背景をよく斟酌し、時代時代のアンチテーゼとその勢力にどう対応したかということが、歴史の重みに対するわれわれの配慮として大事である。こんなことをいえば、これまでの経典にのみに重点を置いてみようとする者は、この主張に「ほっと」一息つくであろうが、それは、今日的な行動原理としては通用しない者の次元の弁解に堕するものになることも再々度考えておかなければならない。ここで念を入れて詳論しなければならない「是旃陀羅」の問題については、今日の部落解放運動からは、特にあいまいな態度は許されない、と同時に女人差別、変成男子の論理も同様に厳密さが大事であることを付け加えておきたい。

その経典が成立したころの社会にあって女人や根欠（障がい者）に、救済をもたらそうとした教えが思想総体の中には宿されているとしても、何も経典にある差別文言を後生大事に墨守しなければならない理由はないということである。

「末法の時代」のこと、親鸞はあの難しい時期に、「人間観」と「自然観」との整合性をめざし、天皇制権力にも立ち向かっていった。その業績を考えればいまの時期、躊躇することなく「すえとほりたる」教説の確立に向かうことが求められるのである。そこで釈尊のいった「正像末」のことにふれて、釈尊の晩年、弟子たちが「末法の時代」を案じたと伝えられていることを思い出す。

「末法」の時代だというのだから、僧侶自身も「末法」に逆わず、「末法」の不合理に順じて生きていくというのであろうか。皮肉にも、ついこんなことをいいたくなってしまう。釈尊が、死の直前にいったという言葉がある。「お釈迦さまがお亡くなりになってから、以後、われわれは何を頼りに生きていけばよいのですか」と、嘆きとともに発した弟子たちに対して、「他に頼るな、己自身に依れ、法に依れ」といっている。浄土真宗でいえば、「他力の信」における「主体」のことと思われる。聖典の中にあるもろもろの時代の不整合なものは「すえとほりたること」にするように、「自らに依れ」との言葉は響いてくる。そういう解釈に立つことが今日的課題だということである。

第8章　『聖典』につづられている高僧の論理展開

龍樹の『十住毘婆沙論』にみる平等観

龍樹はおおよそ二世紀中ごろから三世紀中ごろの人といわれている。この人の著述とされる『十住毘婆沙論』の「易行品」は、阿弥陀仏のことについて、称名念仏を説かれているものである。続いて著名な『大智度論』は、弥陀の浄土について述べている。親鸞が、『正信偈』の七高僧の最初に挙げ、「他力の信」について浄土真宗の論理的源流を解き明かした人であるとされている。

「龍樹大士出於世　悉能摧破有無見　宣説大乗無上法　証歓喜地生安楽」の文言の意味するところは「南方の印度に龍樹菩薩が出世して、世に行なはるるすべての有無の邪険をやぶりつくして中道の真理をかかげ、大乗無上の法たる念仏の御旨を説き宣べて、自ら歓喜地（仏道の始めの歩み—筆者）の位をさとりて、安楽浄土に生まるるであろうと仰せられた」（柏原祐義『正信偈講義』二二六頁）。かくのごとく龍樹大士は「他力の信」の論者としては、親鸞の『正信偈』の中で、第一番に登場している人である。浄土真宗の理論体系の最初の論主として、『浄土真宗聖典七祖篇』（以下『七祖篇』）にこの人の『十住毘婆沙論』が掲載されている。入念にこの『十住毘婆沙論』を読み進んでみると、そこには人体器官を引き合いに出して、「障がい者」を辱めるような文言は一切使用されていない。そればかりか、人体のもつ諸器官を肯定的に弥陀仏の教える処に到達するために有用視している。「それかの国に生ずることあれば、天眼耳通を具して、十方にあまねく無礙なり」（同上、一六頁）。

そして「変成男子」論が、いま女性差別であると論じられているとき、女人往生に男子との間に、何の文言上の差別も条件もつけず、平等観を貫いている。「もし善男子・善女人ありてこの仏の名を聞きてよく信受するものは、すなはち阿耨多羅三藐三菩提を退せず」（同上、八頁）がそれである。この『十住毘婆沙論』はその人に関して「もろもろの難行を行じ、久しくしてすなはち得べし」（同上、三頁）と、通仏教の、通常、聖道門の説くところも記していることは事実である。だが、それだけでは一切衆生にとって、「縁遠いもの」になるとする浄土教の考え方に深く配慮し、「もし諸仏の所説に、易行道にして疾く阿惟越致地《あゆいおっちし》に至ることを得る方便あらば、願はくはためにこれを説きたまへ」（同上、四頁）と問いを起こして、それに答えられている。法然や親鸞が長い間、比叡山の厳しい修行にもかかわらず、感ずるところがなかった「空しさ」をこの『十住毘婆沙論』のところに活路を見出したのである。

「答えていはく。なんぢが諸説のごときは、これ儜弱怯劣《にようにやくこうれつ》（根気の劣った弱々しい者）にして大心あることなし。これ丈夫志幹の言にあらず」「もし必ずこの方便を聞かんと欲せば、いままさにこれを説くべし」（同上、四〜五頁）

続いて「仏法に無量の門あり。世間の道に難あり易あり。陸道の歩行はすなはち苦しく、水道の乗船はすなはち楽しきがごとし。菩薩の道もまたかくのごとし。あるいは勤行精進のものあり、あるいは信方便易行をもつて疾く阿惟越致に至るものあり」（同上、五〜六頁）。それが、いうまでもなく、親鸞の心をとらえてやまなかった信心における「易行道」のことである。

親鸞は一文不知の大衆に仏の救済をひろげたいと貴族仏教から大衆仏教への道を模索していた。法然が大きく示唆を与えた。文字を知らず「世の中」のことが何も理解できない人に、難行苦行を強いて「信心」の境地を得させるということはとても不可能なことである。第一それだけの生活のゆとりがない。そういう人たちの救済こそ実は仏の慈悲心というものではないかと、かねてから思っていたところへ、インドの宗教哲学者・龍樹の『十住毘婆沙論』のここに遭遇したのである。天にも昇る心境となったであろう。

読み進んでいくほどに「すえとほりたる」こと「他力の信」として想定できるかぎりのことが書かれている。

「もし人疾く不退転地に至らんと欲せば、恭敬心をもつて、執持して名号（南無阿弥陀仏）を称すべし」（同上、六頁）

しかも、それは「善男子、善女人」と性による差別が存在しない。

龍樹は、ヒンドゥーの攻撃と、これに迎合する仏教の改信を標榜する大方の人の動揺をものともせず、西暦一五〇年ごろに、このことを書いている。

ただ、人間学的に、人間の煩悩というものをみるとき、のちの曇鸞らに比べて、少し単純であったのではとの危惧はある。

「光明日月に喩え、遇ふもの煩悩を滅す」（同上、一一頁）とある。「不断煩悩得涅槃」の人間なるものを矛盾の自己同一性として、弁証法的に展開することをせず、仏（弥陀）の大慈悲心を光明月日に喩え、「遇ふもの煩悩を滅す」とある。

同種のものは「たとへば栴檀の香ばしくして清涼なるがごとく、かの仏の名称遠く聞ゆること、香の流布するがごとし。衆生の三毒の火熱を滅除して清涼なることを得しむ」（同上、八頁）がある。

いささか、現生における「不退」の位置の信心の到達点と、生命の終わりに「無量」の浄土に生まれた後の境涯とを混同しているのではないかと、私は読み進んだ。「智慧の光無量にして、よく無明の闇を破したまへば、衆生に憂悩なし。このゆゑに稽首し礼したてまつる」（同上、一二頁）。

ここも、読む者の立場から、「不退」の位置なのか、「浄土に生まれた後」のことなのか、判断に迷うところがある。どのように人間の煩悩を解決するのかということについては、特に易行道においては、ただ称名念仏に精進すればということで、今日の知性からすれば、どうしても、その思いに到達できないであろう。「正像末」の史観からすれば、人間が時代とともに劣化して、その時代の知性がそれを邪魔するというのであろうか。

そこの解明なくして、「もし人善根を種うるも、疑へばすなはち華開けず」（同上、一七頁）としている。その点については、法然に至るも、親鸞に至るも、同じ論理であろう。

「願力不思議」という言葉がそれに対応するもので、人智の思義の次元の問題ではないということになれば、「切って捨てられている」ように思えるところがある。

私は私の乏しい知識と判断力によって、この「願力不思議」を思索し、習得しようと努めるとき、「願力不思議」とは、この宇宙・大自然の動いて止まない法則・秩序のように思えてならない。

人間力、そしてこの地球という星に棲息する幾千万種もの動植物が生き、生かされているその秩序は誰が作ったのか。地球物理学とか、最近の分子生物学によって、その生命の極限に至るところまで分析しつつあることは間違いない。

しかし、どうしてこのような体系となったのかは、究極は分からずに人類は幕を閉じるのではなかろうか。キリスト教のように全知全能の創造主としての「神」の存在を前提とすれば、話は別である。だが、それを肯定できないわれわれとすれば、「願力不思議」をただ疑うなという次元に思考を停止させておく以外にない。

かすかに、親鸞がそれにヒントを与えるべく、彼の御消息十四（手紙）の中に、次のように諭しているのである。それを引用して味わってみることにする。

「『自然《じねん》』といふは、『自』はおのづからといふ、行者のはからひにあらず、『然』といふは、しからしむといふことばなり。しからしむといふは、行者のはからひにあらず、如来のちかひにてあるがゆゑに法爾《ほうに》といふ。『法爾』といふは、この如来の御ちかひなるがゆゑに、しからしむるを法爾といふなり。法爾はこの御ちかひなりけるゆゑに、およそ行者のはからひのなきをもつて、この法の徳のゆゑにしからしむといふなり。すべて、ひとのはじめてはからはざるなり。このゆゑに、義なきを義とすとしるべしとなり」（『聖典』七六八頁）

ここで、私なりの感想をさしはさみたくなった。つまり、「行者のはからひにあらず」とは、「自然」の動きは人為によるものではなく、その動き・秩序・法則は、はじめからあったものであるといっているようである。

人間がはじめからこの星（地球・現生）にいたのではなく、自然の方がさきに存在していたのである。その点に関する限り、仏教語で御消息は書かれているため、少し読みにくい点はあるが、まずまず了解できるというものであろう。

続いて引用してみる。

「『自然』といふは、もとよりしからしむるといふことばなり。弥陀仏の御ちかひの、もとより行者のはからひにあらずして、南無阿弥陀仏とたのませたまひて迎へんと、はからはせたまひたるによりて、行者のよからんとも、あしからんともおもはぬを、自然とは申すぞとききて候ふ。ちかひのやうは、無上仏にならしめんと誓ひたまへるなり。無上仏と申すは、かたちもなくましますす。かたちもましまさぬゆゑに、自然とは申すなり。かたちましますとしめすときには、無上涅槃とは申さず。かたちもましまさぬやうをしらせんとて、はじめて弥陀仏と申すとぞ、ききならひて候ふ。弥陀仏は自然のやうをしらせん料なり。この道理をこころえつるのちには、この自然のことはつねに沙汰すべきにはあらざるなり。つねに自然を沙汰せば、義なきを義とすといふことは、なほ義のあるになるべし。これは仏智の不思議にてあるなるべし」（同上、七六八〜七六九頁）

やはり、阿弥陀仏を自然の動き・法則・秩序のようなものをイメージしていたのではなかろうか。この自然的存在の微細にわたる現象は、諸科学の発展によって解明されるとしても、それがどうして、このように体系的に法則的動きとなっているのだろうか。そもそもの始まりは、「何をもって」のゆえにこうなったのかは、議論の対象としては成立しにくいものであり、成立させようとしても不可能なことではなかろうか。

だから、この法則が現に存在していることを「疑うな」というのが、人知としては最後の到達点というべきであろうか。私の拙い思考の範囲でのことではあるが、このように思っているのである。

中村元先生の『佛教語大辞典』によると『南無』は「帰命・帰敬・帰礼、敬礼・信従」を意味する。そうなると、「阿弥陀仏」とはもともとどういう意味をもつものかを探らねばならない。梵名は「アミターバ」(無限の光をもつもの)「アミターユス」(無限の寿命をもつもの)といい、それを「阿弥陀」と音写した。これを漢訳して「無量光仏」「無量寿仏」といい、無明の現生をあまねく照らす光の仏にして、空間と時間の制約を受けない仏であることを示す。話がそれていささか短絡のそしりを受けるかも知れないがこれを私は、「大宇宙・自然の法則に従順する」と解したのである。

したがって、「願力不思議」を疑うものは、従順の枠から外れたことを意味するので、今日の原発推進の政治家や企業のように、大宇宙の法則に外れたことをあえてするようになる。その結果とし、スリーマイル、チェルノブイリ、福島原発のような惨禍を招くことになるのである。

それはやがて人類が絶滅するコースであり、「仏教」の概念からいっても、「大慈大悲」の仏心によって、これに救いの手をさしのべようがないということになる。

私はこのように領解《りょうげ》して、仏教の教義の読解に取り組んでいる。人類が滅亡するということは、この地上の全動植物も死滅するであろう。その再生のためには、この大宇宙のもつ再生力・治癒力によるとしても、仏教的時間の観念で表示して、「久遠劫」のかなたということになるであろう。だから、それを「疑うな」といっているものと理解しているのである。

それ以外に「疑う」の論理的な理論・理解があれば、ぜひ、現役宗教家らの口から、説き聞かせてもらいたいものだと願っていることを付言しておこう。

天親の『浄土論』にみられる差別観

こうして書き続けている間に、世の中では煩悩と煩悩の衝突というか、矛盾きわまりない惨事が続発している。

十一月七日の携帯電話に出てくるニュースは、「火宅無常の世界」そのものである。

「車椅子の息子に火付け殺害容疑　八十六歳の母逮捕」

「ハイエースやトラック一〇〇台を盗んだ男女四人逮捕」

「ホテルに滞在二ヶ月　宿泊費四十一万円踏み倒し逮捕」

「日本版NSC創設法など衆議院本会議で可決」

はじめの三つのニュースは、世相の混沌とした状態を現出しているもので、悲しい思いで読んだ。

しかし、四つ目の日本版NSCの問題は、日本が「安全保障」の名のもとに、速やかに「仮想敵国」に対処する機能の強化というもので、世相の混乱に付け込んで、戦争好きな連中が、この国を破局に導くかもしれないものである。

「ダメな母　生後五日長女を刺殺」

「通販サイトで詐欺　貿易会社役員七人逮捕」

郵便はがき

料金受取人払郵便

神田局
承認

6052

差出有効期間
2015年８月
31日まで

切手を貼らずに
お出し下さい。

101-8796

537

【受　取　人】

東京都千代田区外神田6-9-5

株式会社**明石書店** 読者通信係　行

お買い上げ、ありがとうございました。
今後の出版物の参考といたしたく、ご記入、ご投函いただければ幸いに存じます。

ふりがな お名前	年齢	性別

ご住所　〒　　　－

TEL　（　　　）　FAX　（　　　）

メールアドレス	ご職業（または学校名）

＊図書目録のご希望 □ある □ない	＊ジャンル別などのご案内（不定期）のご希望 □ある：ジャンル（ □ない

書籍のタイトル

◆本書を何でお知りになりましたか？

□新聞・雑誌の広告…掲載紙誌名[ ]

□書評・紹介記事……掲載紙誌名[ ]

□店頭で　□知人のすすめ　□弊社からの案内　□弊社ホームページ

□ネット書店 [ ]　□その他[ ]

◆本書についてのご意見・ご感想

■定　価　□安い（満足）　□ほどほど　□高い（不満）

■カバーデザイン　□良い　□ふつう　□悪い・ふさわしくない

■内　容　□良い　□ふつう　□期待はずれ

■その他お気づきの点、ご質問、ご感想など、ご自由にお書き下さい。

◆本書をお買い上げの書店

[市・区・町・村 書店 店]

◆今後どのような書籍をお望みですか？

今関心をお持ちのテーマ・人・ジャンル、また翻訳希望の本など、何でもお書き下さい。

◆ご購読紙 (1)朝日 (2)読売 (3)毎日 (4)日経 (5)その他[新聞]

◆定期ご購読の雑誌 [ ]

ご協力ありがとうございました。

ご意見などを弊社ホームページなどでご紹介させていただくことがあります。 □諾 □否

◆ご 注 文 書◆ このハガキで弊社刊行物をご注文いただけます。

□ご指定の書店でお受取り……下欄に書店名と所在地域、わかれば電話番号をご記入下さい。

□代金引換郵便にてお受取り…送料+手数料として300円かかります(表記ご住所宛のみ)。

書名	冊
書名	冊

ご指定の書店・支店名	書店の所在地域 都・道 府・県　市・区 町・村
	書店の電話番号 ( )

「肺結核の歯科医が乳児ら二八〇人診察」

「そごう西武も　四大百貨店すべて食材偽装」

「育てられない　バスタオルかぶせたけれど…」

いずれも、「火宅無常」「無間地獄」というべき、日本社会の惨状である。

いま仏教界は、宗教家は何をなすべきかを深刻に考えてもらうために、この論稿の途中にこれらのニュースを取り上げてみた。

「飛び降りてやる　校舎四階から転落小六重体」

これまた、今日の日本の教育の矛盾をあらわにしたものであろう。

同和教育・解放教育に敵対する自民・公明政権が主導する「日の丸」「君が代」強制・同和（人権）教育否定、「人権」軽視が、子どもに「生きる希望」をもたせない状況をもたらしているものと私は解する。

続いて国際ニュースの画面に移ってみる。

「デトロイトの理髪店で乱射二人死亡　賭博がらみ」

「中国人の男　日本移送へ　八王子スーパー射殺」

「猪木氏　金正恩氏と会談」

「アラハト氏買い物客の顔をスキャンで　毒殺を裏づけ」

「中国連続爆発　計画的犯行か　広範囲に爆撃」
「中国の連続爆発　容疑者一人を拘束と報道」
「ナチス略奪の絵画からシャガール未発表作品も発見」
「邦人男性が豪で行方不明　海水浴場で遊泳中」

意外に中国関係のニュースが多い。急速な資本主義的生産様式の取り入れによる矛盾の現象とみることができる。

いまや、グローバルに「人権」も「個人情報」もあったものではない。地球規模において、人間が荒廃していることを意味しているものと読み取った。

中国関係、特に連続爆発事例のニュースの項目が目立つのも、前にも少しふれたが、中国だけの資本主義経済によるものではなく、これと取引をする国々との相関性とみなければなるまい。

これから天親（世親＝ヴァスヴァンドゥ）の『浄土論』に入ろうとするとき、やはり日々の世間の動きから隔絶したところに、自分の思考水準を置いたのでは、生きた仏教論、宗教論の展開にはならないと思い、少し遠回りをしたというわけである。

天親は四世紀から五世紀ごろの人であるとされている。この人が書いた『浄土論』は浄土真宗にとっては、大変重要な文献としての扱いを受けている。

「天親菩薩造論説、帰命無碍光如来、依修多羅顕真実、光闡横超大誓願」と偈《うた》われ、「天親菩薩、論

を造りて説き、無碍光如来に帰命し、修多羅によりて真実を顕し、横超の大誓願を光闡したまふ」（柏原祐義著『正信偈講義』二五〇頁）

親鸞は天親の『浄土論』に敬服した。これを彼の論理の中に活用している。親鸞の「親」は、この天親の「親」を一字使用したものといわれている。「鸞」の字は後に本稿でも扱うことにしているが、『浄土論註』（別名『往生論註』ともいう）を著した曇鸞の「鸞」の字を一字貰ったもののようである。

龍樹の時代が二世紀中ごろから三世紀中ごろの間のことであろうと推測されているのに対して天親は、それから歴史を下ること百五十年も二百年も経過して、彼の活躍する舞台があったといえるであろう。

釈尊の仏教がヒンドゥーの圧力によって、次々に後退せざるをえなかったころのことである。この人の展開した教理の中に、「すえとほりたる」という立場から、私が「異議あり」とするところが散見されるのは、そのような歴史的制約の中で、論理が展開されたからであろうと推測する。

『浄土論』は畢竟するところ、仏国土、浄土なるものが、いかに理想の境地というか、国土であるかを書きつづったものである。

一方を清浄と表現するために、当時の社会意識として、世間を覆っていた差別観念を利用するのが、一番のはや手回しということになろう。「大乗善根の界は、等しくして譏嫌《きげん》の名なし」、譏嫌とは「不快なそしりの名」と『聖典』の「脚註」にはある。その「不快」の類として続く文章に「女人および根欠、二乗の種生ぜず」（『七祖篇』三〇～三一頁）とある。仏教のめざす救済の対象として、「女人」を排除し、さらに障がい者を排除する思想が、ここに堂々と出ているのである。

加えて「二乗」というのは、小乗と蔑称で呼ばれていた、大乗仏教の教説以外の立場に立つ、仏教の宗派のことをいうのである。ここに堂々たる排除の思想をみることができる。

浄土真宗の寺院には、門徒の戸数を記録した文書の中に、「旃陀羅」の文言を使い、「檀家七百戸、旃陀羅無し」とか、「檀家一千六百戸内旃陀羅七拾戸」と表現した文書のあることを耳にする。

表向き体裁よく「摂取不捨」という浄土真宗寺院にあって、門徒の戸数に関する文書の中に、「大乗善根の界は等しくして譏嫌の名なし」というのと、先に例示した「檀家一千六百戸内旃陀羅七拾戸」とする思想こそ、この論理的表現と軌を一にするものである。

『浄土論』は貴重な浄土真宗の教論書であるから、『聖典』に掲載されているのである。

しかし、これらのことについて、教団は今日的な言説では、「ちゃんとしている」という素振りだけはしている。『聖典』の巻末の「補註」には次のような文章がある。

「『浄土論』には『大乗善根の界は、等しくして譏嫌の名なし、女人および根欠、二乗の種生ぜず』と、浄土は平等なさとりの世界であるから、女人と根欠と二乗の三種が存在しないと説かれている。ここでいわれる譏嫌とは、成仏できないものとして嫌われることを意味していたが、『論註』（上）では、『譏嫌名』に、世間的なそしりの意味も含めて釈している。この聖典が成立した当時の社会では、女人や根欠（障がい者）を卑しく劣ったものとする考えが支配的であった。そうしたなかにあって、この教説は浄土の絶対平等性（浄土には、差別の対象としての体もなく、またその名さえもない絶対平等の世界であること）をあらわすことによって、差別の社会通念を破り、女人や根欠に救いをもたらそうとしたものである。また、二乗とは声聞、縁覚という小乗の行者のことであって、仏になれないものとされていた。

浄土の絶対平等性は、女人や根欠の存在を否定するが、しかし、このことは現代の一般社会に深く根ざす差別思想、すなわち女性は不浄な存在であり男性よりも罪深いものであるとか、障害者は劣ったものであるとする差別の現実をそのまま肯定することでは決してない。むしろ、浄土の平等性を通して、常に現実の差別を自己の問題としてとらえていく営みが大切であることを教え示すものとして受けてとめていかねばならないであろう」（『七祖篇』一四〇九頁）

こんな言い訳が、どうして成り立つのであろうか。『聖典』の中において、浄土はこの様に、女人や根欠がいない国土だということになれば、なおさら「火宅無常の世界」の差別の現実を厭い、譏嫌の名に相当する人々をさげすむということになるのではないか。相当の宗教論を展開する人においても、最近になって「このごろ、女が住職にならせてくれというのがある。それはおかしい」（発言主旨）といった講演をしている事例があることによっても証明されるであろう。

また、先述の札幌別院の差別落書きの内容は、この「補註」で書いていることと全く逆の思想展開ではなかったかといいたいのである。

天親の『浄土論』に書かれていることをまともに受けて、差別し、排除することによって、自己の存在する周辺をミニ浄土化しようとする姿ではないかということである。

平然と、浄土真宗の宗門内にあって差別思想が横行するのは、このような言い訳によって、つねに表面を糊塗しようといった体質から出てくるものである。

「補註」は詭弁の域を出ていないと思うが、筋書は「このような書き方では不充分であるから、こう読み換えよう」というものであると善意をもって解釈するとしても、「それでは、これからどうするのか」「補註にいろいろ説明をつけなければならないような露骨な差別表現をどうするのか」という変革の視点が全く見受けられない。そこが問題だといっているのである。

この『浄土論』の問題点は一箇所だけではない。

「荘厳《しょうごん》大義門成就とは、偈に『大乗善根界　等無譏嫌名　女人及根欠　二乗種不生』といへるがゆゑなり。浄土の果報は二種の譏嫌の過を離れたり、知るべし。一つには体、二つには名なり。体に三種あり。一には二乗人、二には女人、三には諸根不具人なり。この三の過なし、ゆゑに体への譏嫌を離ると名づく。名にまた三種あり。ただ三の体なきのみにあらず。乃至二乗と女人と諸根不具の三種の名を聞かず、ゆゑに名の譏嫌を離ると名づく。『等』とは平等一相のゆゑなり。荘厳一切所求満足功徳成就とは、偈に『衆生所願楽　一切能満足』といへるがゆゑなり。略してかの阿弥陀仏国土の十

七種の荘厳成就を説く。如来の自身利益大功徳力成就と、利益他功徳成就とを示現せんがゆゑなり」（同上、三五〜三六頁）

重ねて、重ねて「女人と根欠、二乗」のいない浄土を「荘厳」なものとして、規定している。だから、「寿終わりて」も、この仏教の立場からすれば、女性は行き場がなかったのである。奈良時代から平安時代の貴族たちは、この世の栄耀栄華を極めている立場から「亡き母はいまごろ、どのあたりを浮遊しているのであろうか」という思想（悩み）が横行していたのである。

このことは、多少前述しているので、重ねてその事例をあげることは避けることにする。問題は「女人・根欠」のいない荘厳な浄土というなら、この「女人と根欠」はどのようにして、しからば「女人・根欠」の人類の半数以上の「寿終りたる」ものを、どのように摂取しようとするのであろうか。

そこにでてきた迷（妙）案が「変成男子」という荒唐無稽な思想となっているのではないか。「摂取不捨」の恩恵に与っていったのであろうか。

「入第一門とは、阿弥陀仏を礼拝し、かの国に生ぜんとなすをもつてのゆゑに、安楽世界に生ずることを得。これを入第一門と名づく。入第二門とは、阿弥陀仏を賛歎し、名義に随順して如来の名を称し、如来の光明智相によりて修行するをもつてのゆゑに、大会衆の数に入ることを得。これを入第二門と名づく。入第三門とは、一心専念にかしこに生ぜんと作願し、奢摩他寂静三昧の行を修するをもつてのゆゑに、蓮華蔵世界に入ることを得。これを入第三門と名づく。入第四門とは、専念にかの妙荘厳を観察し、毘婆舎那を修するをもつてのゆゑに、かの所に到りて種々の法味楽を受用することを得。これを入第四門と名づく」（同上、四一～四二頁）

こうなってくると何の変哲もない、ただ念仏して、信心を修するということである。「他力の信」の核をなすものは、その「信」が「易行」によって達せられるというところにある。

これは先にも述べているように、龍樹のいうがごとく、「善男子　善女人」すべてにかかわっていえることであり、天親に至って、「善女人」であろうが、「女人」と名のつくものは、その「体」のみならず、ただその「名」においてさえ、浄土には受け入れられていないということになるのであろうか。

「女人」に対して、どのような苦行を求めれば、「変成男子」（『無量寿経』）となって、浄土に往生できるというのであろうか。

論理（宗教論＝救済論）が「すえとほりたること」になっていないばかりか、結論の部分が「トカゲの尻尾切り」のようになって、方向感覚を全く失していることになる。

ここまで「女人」「根欠」を差別的に処遇しなければ、当時のヒンドゥー社会は、インド・東南アジアの諸地域の事情の下で、仏教の存在を容認しなかったのであろうか。そうだとすれば、そこまでヒンドゥー化し、仏教を骨抜きにして、賢らしく、もっともらしく「易行」を説く意味がないことになってしまう。

『浄土論』の訳者は、後魏の菩提留支と伝えられている。菩提留支の生年は不詳。ただ没年は五二七年と記録にある。五二七年といえば、ヒンドゥー社会の支配的な思想に影響されているばかりでなく、中国の儒教のもつ男尊女卑にも影響され、あまり不思議なことと思わず、長い歴史の中で伝承されてきたのかと、あらためて驚かざるをえない。

部落解放運動は、このことによっても少しばかりの甘い言葉に騙されて、ひきずられることなく、常に解放の実を成すように「人権尊重社会の成就」をめざさなければならないわけである。同行の活動家に強く望むところである。

曇鸞の『浄土論註』にみる差別観

『浄土論註』に学び、ますます差別の硬化に気づく。天親が著した『浄土論』は、その後俗にいわれる曇鸞によって書かれた『浄土論註』または『往生論註』となることによって、浄土真宗の教義上、大きな影響をもつものとなる。通常『論註』といわれる所以は、天親の『浄土論』に注解を加えて、その論理を深めたとされているからである。

曇鸞は仙経（無病長寿の方術を説いたとするもの）と対比し、「他力の信」の「心のありよう」に力点を置いたところに、この人の歴史的存在感がある。時に中国は、梁の国となっていた。梁の天子（高祖・武帝のこと）は曇鸞の説くところに大変共鳴し、曇鸞菩薩に礼を尽くしていたといわれる。それだけに裏返して考えれば、当時の中国仏教が、封建制度の下に支配思想の道具としては優位なものとなっていたといえるかもしれない。

少なくとも、権力との対立的雰囲気はなかったということであろう。

曇鸞が「都の洛陽に入られたが、ここにはインドから渡って来た仏教の学者菩提流支三蔵が、永寧寺にあつてお経の翻訳をしてをられたから、和尚もこの三蔵を尋ねる心を起し、遇うていわれるには、『仏法の中に、長生不死を説くこと、この仙経に勝れたものがあるか』と。三蔵喝と大地に唾を吐いて答えられやう、『この国の仙経に説く長生不死の法は、真の長生不死の法ではない。必ず遠からず死んで流転の苦悩を受けねばならぬ。若し真の永生の道が知りたくばこれを見られよ』と。そして和尚に『観無量寿経』を授けられた」（柏原祐義『正信偈講義』二七一～二七二頁）。

曇鸞の宗教観に一転期を与えた経過ということができよう。天親の『浄土論』に傾倒したのも、そういう心の転換の時期があったからではなかろうか。

「つつしみて龍樹菩薩の『十住毘婆婆』（易行品・意）を案ずるに、いはく、『菩薩、阿毘跋致《あびばつち》を求むるに、二種の道あり。一には難行道、二には易行道なり』と。『難行道』とは、いはく、五濁《ごじよく》の世、無仏の時において阿毘跋致を求むるを難となす。この難にすなはち多途あり。〔中略〕たとへば陸路の歩行はすなはち苦しきがごとし」（『七祖篇』四七頁）

「『易行道』とは、いはく、ただ信仏の因縁をもつて浄土に生ぜんと願ずれば、仏願力に乗じて、すなはちかの清浄の土に往生を得、仏力住持して、すなはち大乗正定の聚に入る。正定はすなはちこれ阿毘跋致なり。たとへば水路に舟に乗ずればすなはち楽しきがごとし」（同上、四七〜四八頁）

彼が註解を加えようとしている天親の『浄土論』を「この『無量寿経優婆提舎』（浄土論）は、けだし上衍の極致、不退の風航なるものなり」（同上、四八頁）。

この文章は曇鸞が『浄土論註』と取り組もうとするときの気概を示したものである。全面的に『浄土論』に心酔している彼の心境を読み取ることができる。

曇鸞は仏教の経典とか、論主（天親）の説いた文言を儒教を引き合いに出して、「孔子につきて『経』と称す。余人の制作みな名づけて『子』となす。国史・国紀の徒各別の体例なり」（同上、四八頁）と述べている。儒教を引き合いに説明すれば、先のようなことになるが、仏教領解の普遍性を理解したものの均等性を説く。

「仏のもろもろの弟子、仏の経教を解して仏義と相応すれば、仏また許して『優婆提舎』と名づく。仏法の相に入るをもつてのゆゑなり。この間に論といふは、ただこれ論議のみ。あにまさしくかの名を訳すことを得んや」（同上、四八頁）

つれづれに、孔子と弟子の、それぞれの言葉には、やはり、格段の差があると思われる。仏教教義の領解の普遍性ということで、その均質性をいったものである。仏教というものは誰が説こうが、真理は真理であると「力んでみせた」ところのように思われる。
このあたりで譬諭に、「女人大体」が出てくる。どう考えるべきであろうか。

「また女人を、子において母と称し、兄において妹といふがごとし。かくのごとき等の事、みな義に随ひて名別なり。もしただ女の名をもつて汎く母妹を談ずるに、すなはち女の大体を失せざれども、あに尊卑の義を含まんや」（同上、四八〜四九頁）

別段、ここでは「女人」差別を繰り返しているわけではない。しかし、仏教がもともと「善男・善女」という考え方で進んでいたのに、「女人」に対して、「五障三従」などと言い出し、これを浄土に往生できないものとしたことに、神経をとがらせていると、つい、「すなはち女の大体を失せざれども、あに尊卑の義を含まんや」の文言が目にとまる。女としての一般的性質が、間違って表現されているわけではないが、何か奥に差別的なものがあるのではと思ってしまう。

「どうしてここに出てくる女人が尊いとか、卑しいとかの意味が含まれていようか。いや、そんなものは含まれてはいない」と文法・文章的には訳されるであろう。

曇鸞は「女人の尊卑を問うものではない」ということを、子にとって母、兄にとっては妹なるものを例示して、そんなことをいうのであろうが、母といおうが、妹といおうが、それを呼ぶ立場のものが、そういうだけのもので、「女なるがゆえに尊いとか、女人はあらかじめ卑しいものとかの意味はない」という。だが、私は曇鸞が孔子の『論語』について、国史（国王の命により公的に記された歴史書）であるとか、研究者が私的に書いたものであるとか、それぞれ違った意味（価値観）があるということを述べた後、あえて「女人」の「母」「妹」の例を引いているということに解せないものを感ずるのである。

そこに「尊卑」という「義」なるものを「含まんや」としているからである。

曇鸞は中国封建社会の真っ只中に生まれ、かつ死んでいった人である。何かこの後、「女人」差別を当たり前とする思想展開の瀬踏みの意味をもっているのではないかと、気を遣って読んだというのが、私の偽らざる気持ちである。

「安楽国には、すでに二乗・女人・根欠の事なし、またなんぞまたこの三の名なしといふべけんや。答へていはく、軟心の菩薩のはなはだしくは勇猛ならざるを、譏《そし》りて声聞といふがごとし。人の諂曲《てんごく》なると、あるいはまた儜弱《にょうにゃく》なるを、譏りて女人といふがごとし。また眼《まなこ》あきらかなりといへども事を識らざるを、譏りて盲人《もんにん》といふがごとし。また耳聴くといへども義を聴きて解らざるを、譏りて聾人《ろうにん》といふがごとし。また舌語《したものい》ふといへども訥口蹇吃《とつこうけんきつ》なるを、譏りて瘂人《あにん》といふがごとし。かくのごとき等ありて、根具足せりといへども譏嫌の名あり。このゆゑにすべからく『乃至名なし』といふべし。浄土にはかくのごとき等の与奪の名なきことあきらかなり」（同上、七六頁）

私の予感は当たっていた。『浄土論註』の論理展開で中途にて、早くもこのような差別的な論理展開がなされている。

ここでは、性差別と障がい者差別がセットになって表現されている。差別というものは、このように、おおよそ人間なるものの全領域にわたって行われるものであることを指摘しないわけにはいかない。

浄土の清浄なることを一貫して説くということと、それが易行道によって到達できる（成就できる）ものというのが、龍樹にはじまり、天親、曇鸞の各著書の本筋である。どうして、その清浄を「女人」「根欠」「二乗」を譏嫌をなすものとして、その「体」も「名もない」と対比して、あえて被差別のものを作り出さなければ説明できないのであろうか。ここが、どうしても理解できないところとなるのである。

「またいふこころは、『性《しょう》』はこれ必然の義なり、不改の義なり。海の性の一味にして、衆流入ればかならず一味となりて（親鸞の『正信偈』では、如衆水入海一味＝筆者）、海の味はひ、かれに随ひて改まらざるがごとし。また人の身の性は不浄であるがゆゑに、種々の妙好の色、香、美味、身に入ればみな不浄となるがごとし」（同上、六一頁）とつけ加えて、多少、論理が混乱する。

「人の身の性」といいながら、これは万人のもつ人間の性をいっているのではない。

「序め法蔵菩薩、世自在王仏の所において、無生法忍を悟りたまへり。その時の位を聖種性と名づく。この性のなかにおいて四十八の大願を発してこの土を修起せり。すなはち安楽浄土といふ」（同上、六一頁）

これでは、限定的な「ええもん付合い」ということになるではないか。

一方で次のような見方がある。仏教は、とりわけ浄土真宗にいう阿弥陀仏は「常に不請の友となって、特に苦しみ悩む者に寄り添い、連帯していかれることを示しています。この『不請の友』というのは有名な言葉で、要請されなくても仏の方からよき友となって寄り添ってくださることをいいます。仏さまは、頼まれれば動く、頼まれなければ動かないという方ではないのです。不請の友なのです」（中西智海『浄土三部経のこころ』六八頁）。

随分、おもむきの違う解説になっていると感じる。もちろん「すえとほりたる」ことからいえば、『浄土論註』より、はるかに中西智海師のいわれることの方を、私は肯定する。

浄土は清浄なところだ。そして、法蔵菩薩は「一切の衆生を救けずんば、われは正覚を取らじ」との誓願を立て、それを成就して、仏となるというのが、仏教教義の大筋ではないのか。

なぜ、そこを曲げて、浄土の清浄を説くために、「女人・根欠・二乗」を譏嫌するのであろうか。

親鸞の「悪人正機」の領解を念頭に思えば、ここを矛盾と感じないわけにいかなかった。

同じ『浄土論註』の文脈の中に、その矛盾を解消していく論理をさぐりあてなければならない。かねてから、うすうす思い続けていた文字が目に写った。

「『真実功徳相』とは、二種の功徳あり。一には有漏《うろ》の心より生じて法性《ほっしょう》に順ぜず。いはゆる凡夫人天の諸善、人天の果報、もしは因もしは果、みなこれ顛倒、みなこれ虚偽なり。このゆゑに不実の功徳と名づく。二には、菩薩の智慧清浄の業より起こりて仏事を荘厳《しょうごん》す。法性によりて清浄の相に入る。この法顚倒せず、虚偽ならず。名づけて真実功徳相となす。いかんが顚倒せざる。法性に依り二諦に順ずるがゆゑなり。いかんが虚偽ならざる。衆生を摂して畢竟浄に入らしむがゆゑなり」（『七祖篇』、五六頁）

二諦とは、二つのあきらかな姿という意味であろう。真俗二諦の二諦である。法性という言葉をさしはさむことによって、ここに「虚偽ならず」といいながら、ダブルスタンダードで説明しきろうとしているところに引っかかる。

もともと、真俗二諦という言葉を聞いたとき、私は、その哲学的概念の深みのあるところに感銘した。

一つのことがらといおうか、一つの課題に、本質と現象の関係が包摂されている。一つの現象の中に、本質といわれるものが内包されているという視点である。

かつて、ドイツの古典哲学の大成者といわれたヘーゲルが「本質は現象し、現象は本質的である」といったことを思い出す。仏教の教える真実の宗教的理念・理想（あるべき姿）が、さまざまな現実的・日常的諸現象の中にどのように見え隠れしているかをまとめ上げていくのが、日常的信仰活動というものではないだろうか。

そこに俗諦というものの全否定を許さない仏の「大慈大悲」というものがあるように思われる。

「真実（本質）は常に少数者（現象）からはじまる」という言葉も、そういう意味において深いものを感じる。

だが、ここで展開されている「二諦」は端的に、ダブルスタンダードである。

アメリカの核はよいが、北朝鮮の核はダメだとする考え方の単純さが、二〇一三年のスイスにおける核不拡散防止条約の共同声明には署名せず、アメリカの顔を立て、よくよく考えてみれば、その矛盾が明らかだとして、今度は国連の同旨の決議文に賛成するという滑稽なことを演じたのも、ダブルスタンダードの悲喜劇というべきであろう。

昔、ソ連の核は正義の核、アメリカの核は非人道的な大量殺戮の兵器といった共産党系の反核運動の論理的矛盾は、このダブルスタンダードに基づくものであった。

ごく最近、岸田文雄外相が長崎に於ける講演で、「自国の防衛以外に核は使うべきではない」「自衛の為なら許される」という意味のことをいい、広島・長崎の被爆者団体から批判されたのも、それと同じ論理構造をもつものである。

私はさきに譏嫌の「女人・根欠」の排除は、いくら浄土を「清浄」だと力説してみても、それは錯覚、「ええもん付き合い」にすぎないといった。要するところ、肝心とするところは、『浄土論註』にいうところ、「有漏の心より生じて法性に順ぜず」の衆に対しては、いかにして「摂取不捨」たりうるかということが問われるのである。ここに対する正解を出せない宗教は、宗教たる価値をもたない

「無仏の時代」と仏教が表現しているような混乱と矛盾の「火宅無常の世界」ということになってしまうのである。

いま少し、『浄土論註』（曇鸞）を問題にしてみることにしよう。その視点は、親鸞がこの人を浄土真宗の教説に関係して、どうみていたかということである。

それには『正信偈』において、曇鸞をどう扱っているかということである。

「往還回向由他力　正定之因唯信心　惑染凡夫信心発　証知生死即涅槃　必至無量光明土　諸有衆生皆普化」

この偈の意味するところと、さきの『正信偈講義』（柏原祐義）によって考察する。

「往還の廻向は他力に由り、正定の因は唯信心なり。惑染の凡夫、信心を発せば、生死即ち涅槃なりと證知し、必ず無量光明土に至りて、諸有の衆生みな普く化すとのたまへり」（同上、二七五頁）

ここであらためていうまでもないが、「他力の信」のオーソドックスなコースについて述べているところである。親鸞は、この曇鸞の『浄土論註』に展開されている「他力」の教義に意を強くしたであろう。浄土真宗を邪教のごとく攻撃する奈良・京都の旧仏教に対して、決して邪教でも、軽薄な新興宗教というものでもない。釈尊、龍樹、天親、曇鸞と、インド、中国にわたる古くから説かれていたことを教説の中心に据えて、「他力の信」の正当性を説いているのだと、当時の朝廷に向けて主張しているところである。

大概の文言は、いわば、今日においては、すでに社会に通用している仏教語だから、あえて、その解説は省略して前に進みたい。

だが、私の脳裏にあらためて、ある種の騒ぎをもたらす言葉がある。特に気にしなければ素通りをするかもしれない「衆生」という言葉である。

「一切の衆生はことごとく仏性を有す」の「衆生」であり道元的な読み方からすると、「一切は衆生、悉有は仏性」の「衆生」である。道元は「生きとし生けるもの」すべてが「仏性」であるといったのである。ここまでのことをいうなら、ついでに前者の「一切の衆生はことごとく仏性を有す」の通仏教的な考え方は、「生きとし生けるものはすべてに仏たりうる性質がやどされている」といったぐらいの意味であるといっておきたい。

ともあれ、この「衆生」とは、もろもろのものが寄り集って生まれ（発生・進化・生存）ているから「衆生」という言葉が使われているのである。「衆生」は「群生《ぐんじょう》」という言葉と、ほぼ同義に教義上は使われている。「群生　衆生といふに同じい。群も衆も数の多いことをあらはす字で、多くの生死を経てきた者を群生といふ。この世の生類のこと」（同上、九四頁）と柏原祐義は解説している。ここでいう「多くの生死を経てきた者」というのは柏原にしてみれば、「流転輪廻」を繰り返してきたものという意味で最近の分子生物学によれば、この地球という惑星に「生命」というものが発生し、それが次第に進化し変化し、今日の如き、人間のようなものにまでなってきた。遺伝子学的に分析すれば、中村桂子（最近の著書に『科学者が人間であること』というのがある）も「科学者も、この地球上の生物の類である」ことを強調している。それはおおよそ三十八億年の昔、この星に「生命」が発生しさまざまな流出・還元・進化・変化を遂げながら、人間のようなものもできあがったという分子生物学の見方である。この所見によると、顕微鏡で観察するような微生物も、猿や人間のような高等動物といわれる「生命体」も、同じ遺伝子の系統を踏むものであると分子生物学はいうのである。

最近、『仏教最前線の課題』（武蔵大学の研究グループによる）という著書にも、柳澤桂子や中村桂子の研究と仏教の教義との整合性が大事であるという意味のことが報告されている。

私は、そこを念頭に置いて、この「衆生」なる言葉を「流転輪廻」を繰り返し、さらに仏教的な臭いの強い言葉でいう「生死を離れることのできない」過程にあるものとして「衆生」なる言葉を解したいと思っている。

「往還回向」について

「往いて浄土に生るも、還って衆生をすくふのも、共に本願他力に由るものである」（相原祐義）の「往還回向」という概念についても、このあたりで私見を述べておきたい。私見ということを前提にしているとはいうものの、私はどこまでも、親鸞の「すえとほりたること」（論理の一貫性の保持）という立場からの発想である。「往還回向」は、死んだ人があの世（浄土）から還ってきて、煩悩に惑礙《わくぜん》されている私どもを、涅槃に向かう道理を説いて、のちに無量光明土に戻るようにするという意味に解されている。私は、そのような、子どもだましのようなことでは仏教の教義の深さも伝わらないし、とりわけ、今日このごろの若者たちの中に、往生浄土から死者が帰ってきて、そんなことをするなどと本気で信じる者はいない。ちょうど、キリストの「復活」が、科学的、合理的な学問を修めている者には、単なる「おとぎ話」としてしか耳に入らないのと同様である。

遠藤周作は、キリストの「復活」を、彼が処刑されてからのち、キリストに近い関係のあった弟子たちが奮起して、「教義」を拡大したことを「復活した」という考えで受容すべきだと、彼の著作で述べている。

私は「還相回向」というのは、心にとまる逝きし人の言葉がしみじみと思い返され、それが、その後の生き方に大きな影響をもたらすことだと解している。浄土から現生へ還ってくるなどという迷信にも似た稚拙な教義ではないといいたいのである。

北海道のＵさんというＤ寺の住職（物故者）は、よからぬ仏敵とも思われるような差別者らによって、札幌別院や、自坊の駐車場に差別落書きをされた（前述）。同朋運動に挺身するこの人は攻撃され続けたのである。

この世に相当の思いを残し、「生命」果てる日を迎えたものと思われ、残念でならない。

昨年（二〇一三）、数千キロも離れた私の郷里府中市のある小さな葬儀場で、私の友人の葬儀が行われた。そのときの喪主の挨拶の中に、この住職が生前出版した詩集の中から、「火宅無常の世界」をどう生きるかに示唆を与えた詩が引用されていた。葬儀に参加している者のうち、この住職（彼）と接触のあった者は、その参加者百数十人の中で、ただ私ひとりであったと思うが、私の脳裏をよぎったものは彼が「還相回向」している姿であった。

二〇一三年秋の部落解放・人権政策の確立を求める広島県民集会において、「解放の思想と宗教」の分科会に、彼の妻が出席していた。集会後、私は「Uさんは生きているよ」「府中市のある葬儀場でこのようなことがありましたよ」と声をかけたのである。

後日談であるが、その後、彼と懇意にしていた友人の一人から、「Uさんの奥さんが、小森さんから夫は生きているよといわれたと感慨を込めて話していた」との報告を聞いた。

このような関係が、「還相回向」というものだと私は思っている。遠い昔の人のことが、ある地方で常に「語り草」になるとか、その人の著書がある人物の生き方に大きな影響を与えたとかということももちろん、これに含まれる。このような考え方で、「往還の二相」を領解《りょうげ》しなければならない。

「往くも他力、還るも他力、これに対して私共雑毒の自力は少しも役に立たぬ。曇鸞大師は、これを『論註』下の終に示して、『覈に其の本を求むるに阿弥陀如来を増上縁となす』とのたまひ」（同上、二七八頁）と解説されている。「他力の信」だから、往くも還るも「阿弥陀如来のはからい」とするのは、それなりに「すえとほりたる」ことであるには間違いない。

しかしながら、阿弥陀如来を、そう単純に、すべての「はからい」に還元することは、論理の自己矛盾に陥りはしないかと心配する。

そこで「増上縁」という言葉のことになるが、「他力の信」の立場から「すえとおほりたる」ことにしようと思えば、さきの『論註』の解説に出てきた「阿弥陀如来の増上縁とする」は、とりあえず、そのとおりとしなければなるまい。しかし、これを読み解く、われわれは、「増上縁」を「阿弥陀如来」の「すぐれた大きな力のはたらき」とか、「擬人化した全知全能」の神の如き観念として理解してはならない。「増上縁」というのは、その人のある行為は、もろもろの縁の集積によって動くものであり、「ありとあらゆるものは他のものが生ずることに対して助力し（有力）、または少なくともその生ずることをさまたげない（無力）。それゆえ、あらゆるものは、その一つのものの生ずることに影響、支配を及ぼしているから、いかなるものも増上縁となる」（『佛教語大辞典』一〇六八頁）ものである。

阿弥陀仏は、「大宇宙・自然の動き発展する法則」と私は規定してきた。その規定のとおりに、この「増上縁」のところを解することによって、今日的な「すえとほりたる」「弥陀如来」という抽象概念が理解できるというものである。

各人が、ある一つの出来事について、自分のある所作が決定的な影響を与えていると懺悔するのは、仏教の求める内省・自省と「主体の確立」に大きな作用をなすものとして、私は肯定する。それは、すべての縁の集積をもって、一つの行為なり現象の「増上縁」とするというのと、二律背反ではない。それは「一如」という宗教的弁証法的概念のところで、深く味わわなければならないものと思っている。

教団教学の第一人者の差別的言動

さて、こうなってくると旧い時代の仏教伝道のことも大事であるが、その旧い時代のいびつな仏教思想が、今日的にどのように受け継がれるべきかに思いを馳せなければならなくなった。そのためには、相次ぐ部落差別の事件、その差別を肯定するような女性を蔑視する思想傾向などがどうなっているかと分析することが必要であろう。

手近なところに、それを究明する典型的な教義があった。それには、さきにも紹介した広島県三原市の寂静寺の第十一世住職、そして、本願寺教団の勧学を務め、ついには勧学寮頭（昭和二十四年）にまで昇りつめ、さらに、曇鸞の『浄土論註』には、かなり造詣が深いとされた学僧の書いたものに着目してみよう。昭和十年ごろ（推定）、この寂静寺の被差別部落の門徒二十数軒（いかなる理由であったのか、そのころの事情を深く知る人がすでに他界しているので、なかなか真相がつかみにくい状況にある）が、この寺の門徒という立場から追放された。われわれとしては、歴史の事実として消し去ることはできない出来事である。いまだに、追放された世帯と、門徒として残留しているものの間で、首をかしげるような話が交わされているというわけだ。これらは、部落解放運動の中で、支部から県連にその事実が知らされそれなりの事情が把握できたのである。

仏教というのは、再三、本書でふれているように「摂取不捨」（救い取って捨てない）である。そればかりか、「不請の友」といって、あれこれと連絡をとらなくても、悩み苦しむものには、仏の方から近よって悩みを解決するために共に痛みをわけ合うというものである。その点についても、すでにふれたところである。

われわれは仏教書を読み、広島県の浄土真宗本願寺派の僧侶との付き合いもあって、仏教の大事なところに、そのような「大慈大悲」の思想があることを知るに及んだ。

然るに、さきのような追放事件があったことの聞き取りをしている最中、過去にこの寺で「お説教」があったとき、三原市の門徒たる被差別部落の者が聴聞に寺を訪問しても、本堂に入れないばかりか、本堂へ上がる階段のところにいても、「帰ってくれ」といわれるほどだったと証言する者もあった。何が、そのような差別行為をとらせたのであろうか。

人間には「意志力」というものがあり、仏教ではこれを「身口意の三業」といって、特に「意業」として大きく取り上げるものである。その意志＝思惑というものが、どこから出てきたのであろうか。

寺の梵鐘の整備（石垣などと思われる）に際して、それなりの寄付ごとがあった。被差別部落にとっての寄付ごとは、まさに「貧者の一灯」であったかもしれない。

しかし、寂静寺は、この寄付の名簿を標識にして梵鐘堂のまわりに立てることになったとき、ここにも、単に意地が悪いという表現では済まされない事実があった。つまり被差別部落の門徒の寄付名の標識は、わざわざ目にふれないような梵鐘の後ろ（一般門徒の寄付名簿とは離れた場所）に立てたのである。

三原市の被差別部落の者の強い抗議の申し入れに、やっと、人々の目にふれる位置にその標識を立て替えたという事実もあった。

どうして、こうも醜いことをするのであろうか。宗祖・親鸞は、自分自身のことを「いし・かはら・つぶてのごとくなるわれらなり」といい、仏の「大慈大悲」の思想に立って、貧しき者、虐げられているものと、自分自身を同一地平におこうとしていたことを、この寺の住職は知らなかったのであろうか。二〇一二年に、NHKのたわけた番組企画によって、『鶴瓶の家族に乾杯』の中で、三原市内にTという俳優が彼の先祖を訪ねる（実はこの寺はTの先祖に関係した寺ではない）という設定で、「過去帳」をみせてもらうシーンが放映された。この寺は訪問者に「慈悲心」を抱いたのか、「『過去帳』はみせられないが、『門徒明細簿』をおみせしよう」と、「過去帳」と同等の個人情報が記載された記録をみせた。

現在、全日本仏教会は、「過去帳のごとき個人情報の記載されている記録を開示することは差別を助長することになる」として、固く禁じているのである。

そこを「『過去帳』そのものでないからよかろうと思った」という主旨の反省書が出ているが、そんな言い訳をする水準にある寺ということである。

近年、宗教界では札幌別院の差別落書き事件、大谷派の元宗務総長の訓覇信雄師の事件、あるいは兵庫教区の大量差別ハガキ事件、そして、長崎女児殺害事件を「過去世からの約束事」といった教学研究所長（本願寺派）のことなど、数えあげれば枚挙にいとまがないほどの事件が続発している。

これは、差別を仕掛けている、日本の権力（経済優先により格差の助長によって大企業を守ろうとする直接の関係者）の手法より低劣で「人の道を説く」宗教そのものの存在価値が疑われるようなことである。

「過去帳」開示問題に関しては、教団側と教義的レベルで話し合おうと、当初協議会という名の糾弾会において双方が合意している。

差別的行為を数々繰り広げてきた寂静寺第十一世住職で、本願寺教団の理論的トップである勧学寮頭にまで昇りつめた人の名は、豊水楽勝という人物である（彼は一九五五年八月二十七日に入寂している）。

本願寺教団は、当時の宗務総長・千葉康之名でもって、この宗派の位階勲等（天皇制権力の真似をしていると思われる）を贈っている。

それは第二種一等一級というものである。戦時よくわれわれは勲一等功一級といって、天皇制権力より最高の賞賛を受けたもののことをいっていたが、それに相当するのではないかと思われる。

この人が、昭和八年の「夏安居《げあんご》」に際して『観無量寿経』の講義をしたということは、本願寺教団のいう「他力の信」に対する「異安心《いあんじん》」の判断をする立場になれる人だということをすでに予告していたようなものである。昭和二十四年には「勧学寮頭」として、教義の正否を判定する立場の最高位についていているのである。

われわれが重視するのは、この人の吐く教義解釈、教義理解は、本願寺公認中の最も権威あるものであったであろうということである。

これまで、釈尊の「万人の平等」を説いたところをみてきたし、龍樹は信心に対するすべての「善男・善女」が平等に仏に救われると説いているのに、天親あたりになって、雲行きが怪しくなり、天親の書き残した『浄土論』には露骨な差別展開が何カ所も存在する。その『注釈書』としての『浄土論註』(曇鸞)には、さらにくわしく「女人・根欠」の差別を正当化した文章をみることができる。

われわれは『観無量寿経』の「是旃陀羅」(被差別民を悪人として成仏できないとする思想)を徹底的に追及するにあたって、「女人・根欠」の問題を別個の思想としては扱わない。差別総体の中で「縁」としてかかわりあって、その助長に役立たせて、支配の道具に使ってきたものと考えている。

豊水師の差別性

豊水楽勝師が『観無量寿経』に深い造詣があったとすれば、「是旃陀羅」のことについて、どのような解釈や見解をもっていたのであろうかと一層関心を抱く。そして、この人の著書の中に、『往生論註』というものがあると知って、これまた一層、関心が深くなる。本願寺教団が、口の先でいっていることと、本音の部分で「差別」をどうしようとしているのかを知るうえで、非常に典型的な文章であるからだ。

豊水楽勝師のものに限れば、資料は『往生論註』という五十ページくらいのボリュームのものと、『念仏往生の核心』と銘打ったものがある。

『念仏往生の核心』は、この人が佛教大学教授で、勧学以前の司教という立場のときの「講義録」で、国会図書館で発見したものである。これは大正十年（一九二一）、田布施圓立寺で行われた仏教講習会で口述したものと、この「講義録」の「はしがき」に記されている。

「講師の講義ぶりは精緻なる研究と熱烈なる法悦味とを以て口述せられた」としながら、のちの時代にこの文章が問題の俎上にのせられることを予見していたのであろうか、その誤謬をぼかすために、「漏脱誤謬も多々あらふが、又ひまひまに少しずつ書たので、重複したところもあらふが、これ皆筆記者の責」であるとしている。

しかも、余計なことで、浄土真宗の教義と何の関係があってか、この口述筆記録を印刷物にして、世に出すにあたって、「東宮殿下御帰朝の日」と銘打っている。その当時の東宮殿下だから、裕仁天皇が皇太子のときのことであろう。あの忌まわしい太平洋戦争のとき、開戦を決断し、あたら有為な日本の青年の多くを犠牲にし、アジア諸国民の人命に多大な損害を与えた裕仁天皇の「東宮」時代のことをここに書き記しているだけでも、おおよそ、宗教的水準とは程遠いといわなければならない。この「講義録」も約五十ページに及ぶもので、先の『往生論註』とほぼ同じくらいのボリュームを擁する。これを熟読することによって、豊水楽勝師の思想と、当時の本願寺教団の「人権感覚」を知ることができる。その思想が今日に尾をひいて、数々の差別行為となって世に顕現したものといわねばなるまい。

豊水楽勝師の『念仏往生の核心』の、ここはと思う箇所に入る前に、天親にしても、曇鸞にしても、その著作の中で、女性蔑視、障がい者蔑視の言葉が散見されることから、ふと、私の脳裏に浮かんだものは、韋提希の「悲劇」というか、筋書きは「弥陀の誓願」において、釈尊の教えによって導かれるというものであるが、もしや、『観無量寿経』そのものが、韋提希が王妃という女人なるがゆえに、あのような悲劇の中の「主人公」として位置づけられているのではなかろうかということである。

韋提希は、いわば「女人」としての「劣性」をもっているがゆえに、俗っぽい言葉でいうところの「女だてらに」という気持ちが働いて、かりそめにも、国政にかかわる王と皇太子の間のトラブルにかかわり、介入したもののついに「みじめな目にあう」ようなことを、このストーリーは、底意にもって展開されたものではないかということである。私の推測は、仏教の「女性差別」(女性観)からいって間違いのないことであろう。だが、『観無量寿経』の中のことを、予断で読むことが正しいかどうかは、一応、深い思索を必要とするであろう。

豊水楽勝師の『念仏往生の核心』を読んで「まさか」と自分の目を疑った。だが、活字は間違いなく次のように並んでいた。

「次に善導大師は四帖の疏（玄義分、序分義、定善義、散善義）を作つて『観経』の注釈をせられてゐるが、その『観経』は顕には定散《じょうさん》自力の修行を説き隠には真実他力の念仏を説いて、顕と隠と二様に示してあるが、これを承け聞いた対機は誰かと云へば、心想愚劣な韋提希夫人であった、そして其説きぶりは初め観念的の念仏から進んで漸次実行的に入り、下三品になると他に何の行も出来ぬ悪人が念仏一行で助けられる模様を説き最後の下三品では死苦に責められて、わけも理屈も分からぬものが、ただ何かなしに称へた念仏で浄土往生を遂げたと云ふてゐる。かように機の真実を明された『観経』に依られた善導大師であるから、心想愚劣の韋提といふも、下三品の悪人と云ふも全く自分であると、深く機を信じ、このやうな自分は念仏の一行より外に助かる道はないとの信仰から、屢々機の浅間敷ことを極力御示しなされて、ただ念仏によれよと、機から法に向はれてゐる」（豊水楽勝師『念仏往生の核心』二一七～二一八頁）

「女人」は往生できないという仏教において、ここでは韋提希が救われるというストーリーに続いている。その論理づけは「変成男子」のような幼稚な概念のもてあそびではない。「機法一体」のコースを念仏の称名ということでおさまりをつけている。その時々の勝手気ままな説明でしかないとの思索を一層深くしてしまう。

ここでは、それよりも韋提希を登場させたということは、そもそも、はじめから、「女人」たる具体的な韋提希という人物を蔑視し、そうすることによって「機法一体」の宗教的概念を説こうとしているのである。

「女人」一般の概念による展開ではなく、韋提希という具体的な「女性像」を「心想愚劣」と「わけも理屈も分からぬものが……」と貶めて、二法、三法と表現しながら、仏教を説いているのである。

少し、この口述記録を先の引用箇所から遡ってみると、

「道綽已下の下四祖は其慈悲の正機たる女人悪人の実地の行ひぶりを説かれた観経に依つて帰納的に仏の善悪に説き上られた感がある」（同上、二一一頁）

ことさらに、ここであえて「女人悪人」と表現せざるをえない理由があるであろうか。豊水楽勝師は「女人」をあえて「悪人」といいたい程の宗教理念上の衝動にかられているのではないかと思われる。

すでに「女人」のことについては、その「女人」の体のままでは往生（成仏）はできないと説かれている。余計に「悪人」をつけるというところに、この人の思想の人権上の問題点があるといわざるをえない。繰り返すが、私の脳裏に浮かんだ『観経』の韋提希登場のくだりは、「いわば『女人』として の『劣性』をもっているがゆえに、俗っぽい言葉でいうところの『女だてらに』という気持ちが働いて、かりそめにも、国政にかかわる王と皇太子の間のトラブルにかかわり、介入したものの みじ

めな目にあうようなことを、このストーリーは、底意にもって展開されたものではないか」とすでに述べておいたが、ここに至ってその感をあらためて強くする。

「女人悪人の実地の行ひぶりを説かれた観経に依つて」となっているからである。

豊水楽勝師が『念仏往生の核心』を講義したころは、本願寺教団の司教という立場にあった。これを活字にまとめた人のフルネームは分からないが、「講師の講義ぶりは精緻なる研究と熱烈なる法悦味とを以つて」と絶賛している。この「講義録」に「女人悪人」の強調なかりせば、『正信偈』に出てくる七高僧の説かれている内容が順序よく、その特徴を述べており、私は啓発されるところが大きかったという印象である。

「上乗七祖一々について、その特長の要点を述べたが、かくして、弥陀、釈尊二尊の思召し三部経の教説が、漸々に説き開かれ、遂に親鸞聖人に至つて浄土真宗となつたのである。それであるから、次に三部経と七祖の関係を考へて見ねばならぬのである」（同上、二〇～二一頁）

さらに、豊水楽勝師の分析は続く。

「上三祖　龍樹菩薩―天親菩薩―曇鸞大師　如来より衆生へ―法本位―大経系」と図説まがいに示されている。つまりは「法の深信」のことを龍樹、天親、曇鸞は折々に解き明かそうとしたものと、師は分析しているのである。

そして、七高僧のうちの「下四祖―道綽禅師―善導大師―源信和尚―源空聖人　衆生より如来へ―

機本位―観経系」（同上、二二頁）と分析しているのである。親鸞は龍樹にはじまる天親、曇鸞の説くところをもって「法の深信」として学び、道綽―善導―源信―源空でもって「機の深信」を学びとり、さらにそれを一体的に体系化して領解したところが、親鸞が浄土真宗の開祖といわれるゆえんである。これらのことは、浄土真宗を後から学ぶ者にとっては、きわめて適切な分析であり、豊水楽勝師の非人権的で差別助長的なところに、厳しい批判の目を向ける私にとっても、大いに参考となるところであったと記しておきたい。

とりわけ『教行信証』のような大部にわたる宗教書をまとめあげ、七高僧の書き残したものを理論的に一体化し、さらなる深みにおける味わいを示した親鸞が「ひそかにおもんみれば、〔中略〕真宗遇ひがたし」と仰せられて「念仏成仏それ真宗」と開祖の面目躍如たるものがあるにもかかわらず、「三国七祖悉く浄土真宗の開祖と崇められて、どこどこまでも七祖の後を慕ふと云ふ光栄を喜び給ふたのである、決して開宗者などといふ名誉を負ふお心は毛頭あらせられなかつたのである」（同上、四六頁）と私の魅せられ続けてきた親鸞の「内省・自省」という、いわば「機の深信」に領解されている「人間のありよう」を、師がいかんなく述べていることにも共鳴、共感を深くしたのである。

さすがにこの点については、のちに勧学寮頭となる学識を、このころから十分に内包していたものと感じとった次第である。

しかるに、どうしてこの人は『観経』として、天親、曇鸞に至る「女性蔑視」の気分だけは欠かさず相続しながら、浄土真宗なるものを考え続けたのであろうか。

以上、豊水楽勝師の宗教論的差別相を主として、『念仏往生の核心』という司教時代の口述筆記をしたものからみてきた。

しかし、人は年を重ねるにしたがって、差別意識・人間のありように変化をみせるものである。果たして司教から勧学に昇進した後の師の宗教的・学問的水準、考えはどうであろうかと、興味がわいた。

昭和八年（一九三三年夏安居）には『観無量寿経』を講義している。この人の年齢は五十七歳ということになっていた。今日でいうところの熟年の境地である。そのころになって司教時代の考えと、どの点において共通性があるかに着目しながら、後に書かれた師の『往生論註』なる曇鸞思想のさらなる「注釈書」ともいうべきもの（広島県立図書館に所蔵）を読んだ。

それを一読しながら、私の着目するところを検証してみたのである。

「往生論註は天親菩薩の浄土論を注釈し給へるものにして上下二巻あり、上巻は浄土論の総説分なる偈頌を解し下巻は解義分たる長行を訳せられたるものでありて啻に文句を解釈せられたるだけでは無く深く浄土論の幽意を探究して之を開顕せられたる宝典である。故に道綽禅師は安楽集に於て、源信和尚は往生要集に於て、高祖は本典の行巻、證巻等に於いて論註の文を引用したまふに『浄土論に云く』と言ひ、又高祖の文類聚鈔には『曇鸞菩薩の註論で披閲するに』とのたまふ。註は論に等しく

人は菩薩に同ぜらる、能釈所釈亟蓋相称する豈偶然ならんや」（豊水楽勝『往生論註』三頁）

論理の厳密さということにおいては、この『往生論註』の筆をとるにあたって緊張感十分なる気分で論理展開をしたものと思われる。つまりは、この人の思想の真骨頂の書といえる。

ここからは、さきに引用し論評を加えた『念仏往生の核心』にみられる「差別相」について、いかなる宗教論によって、師はこれを成熟しようとしているか、その思索の遍歴のようなものをさぐってみることにする。

本願寺派第二十一世法主・明如（一八五〇～一九〇三）の歌とされる「後の世は弥陀のをしえにまかせつつ　いのちをやすく君にささげよ」という論理は、弥陀如来に帰依することと、天皇制権力に従順であることを、一貫した「すえとほりたる」ことと考えているということである。宗教論がここまで堕落してくると、手のつけようがなくなる。これは、日清・日露の両戦争で、明治天皇が、その権威を高からしめ、権力の威信を国民に強く植えつけたころのことである。

「弥陀」と「天皇」という二元論が、人々のありようを信仰上も「すえとほりたる」ことの扱いを受けた時代ということになるであろう。この後、第一次世界大戦に続いて、昭和の時代に入って、日中戦争から、太平洋戦争へと戦争の続く激動の時代となったのである。この「人命軽視」の時代の宗教論として、二元論（弥陀と天皇）のダブルスタンダード的領解が、実はあのおぞましい「真俗二諦論」という宗教哲学の装いをもって跋扈してきたのである。

そもそも「真俗二諦」というのは、世の中を本質的に把握するとき、そこに展開される現象の分析によって、より本質究明に近い領解に到達しなければならないとするものである。「本質は現象し、現象は本質的である」とするヘーゲル哲学の論理に非常に近いものとして理解されなければならない。その理解がされるとき、「真俗二諦」は「弥陀の誓願」と「汚罪濁の凡夫人」の現実との統一的把握が可能となり、この思想の奥深いところにたどりつけるというものである。「凡夫人」の「汚濁」のよってきたる「縁」の究明によって弥陀の誓願の必然が頷けるという論理になるということである。

だが、それを、まことに俗っぽい「天皇制権力」の合理化に「弥陀」を結びつけ、否、「弥陀の誓願」に対する信仰を利用して「真俗二諦」といったのでは、仏教も浄土真宗も、全くお粗末なものに転落してしまう。

明治のころは、その典型的な思想を顕現したものといわねばならない。

さて、それでは、ここで検証の対象としている豊水楽勝師の『往生論註』ではどうなっているであろうか。この人の書いた文章の中に、ちょうど、そのまま当てはまる「論理形式」のものがある。それは彼が使う「相似相対」という言葉の中にある。世間では一つの大きな論理の展開の中に、たまたま一カ所に差別用語があったり、差別論理がみつかった場合、それを問題とする部落解放同盟の糾弾闘争を「重箱の隅をツマヨウジでほじくるようなこと」という。しかし、どんな小さな出来事や言葉の中にも、物事の本質を表現し、その性質を表している場合がある。われわれは、決して牽強付会をもって、闘争を有利に導こうとするものではない。「本質は現象し、現象は本質的である」というヘーゲルの概念の教えるところに学び、いかなる小さな現象であれ、言葉のはしくれであれ、その中に含まれている本質的部分を見抜こうとしているのである。「現象を本質にかえして闘う」という水平社以来の闘いの伝統が、ここにある。

「社会意識としての差別観念」にずっぽりと浸かっている人は、自らの差別意識、観念に気づかない。それを「差別の痛みを知るものの立場」からこれを解釈して、当の差別者に知らしむるという目的をもって、闘いを進めているのである。

さしずめ親鸞思想に置き換えて、これをいうなら、「卯毛・羊毛のさきにゐるちりばかりもつくる罪の、宿業にあらずといふことなしとしるべし」であって、その人の人生全体が「宿縁」の中で生きているということを、「卯毛・羊毛」の小さい事実・現象の中からも見落としてはならぬと説かれているのである。

ここの論理を『往生論註』なる標題の豊水楽勝師の著作の中では次のように記述されている。

「『相似相対』とは勝劣異なれども少分類似するが故に相似と云ひ、彼此相対して示すから相対といふ。義林章六本八丁には『相似相対は是れ譬喩の義』と言ふ、即ち摩尼如意寳性の譬喩は未だ不可思議の全分を顕さず、譬喩は唯其一分であるから相似相対の法と言ふのである」（同上、四二〜四三頁）

この論理からして、おそらく、豊水楽勝師も、自分のいったこと、書いたことは、自己の本質と全体像の本質をあらわすものとすることを否定することはできないであろう。

「相似相対」という概念にふれた。この際、豊水楽勝師の論から少し離れたことになるが、ついでのことと論理の一層の理解のためにいっておきたいことがある。

それは法蔵菩薩が「四十八の誓願」を立て修行に修行を積み重ねてついに「仏」になったということである。この仏教の教えに帰依する凡夫人のわれわれは、「唯、念仏のみを唱えれば、浄土に往生できる」という単純な論理だけでよいのかということである。「念仏者の主体（人間として自主的行動）」をどう規定すべきなのかということになる。

われわれは法蔵菩薩の誓願成就のための修行の万分の一でも、やはり「相似相対」として、日常生活を律するものがなければならない。

世の中は「特定秘密保護法」とか、「日本版ＮＳＣ」という、恐ろしい戦争準備の方向に動いている。「安全神話」で関係者をだまし、原発事故であのような悲惨な状況にしたことについて、「ただ念仏して……」というだけでことが足りるであろうか。

龍樹以来、「他力」を教えられたのは、この微塵的存在である個々人が自己の力に頼って、何事でも成就するという思い上がった考えから脱することを説いているので、自力の弊を知らねばならないということである。

今日のように科学が進歩している時代には、人間は何事でもなしえるという自信のようなものが出てくる。原発の「安全神話」もそういうところから出てきたもので、「自力」に惑わされた典型的事例ということができよう。

環境破壊や大気汚染など、人々は次第にその母なる大地・地球に住みにくくなるようなことばかりやっている。

やはり、大宇宙自然の成り立ちの中で、他の動植物とともに人間も、この星に生まれ、今日のような状況に進化してきたことを忘れてはならない。

豊水楽勝師の「相似相対」の論から、つい「他力」とか「自力」の仏教のもつ絶対的な論理のところに頭を突っ込んだが、師がこの「相似相対」を知るものとして、彼と、彼を勧学寮頭とする本願寺教団の教義上の過ちに気づいてもらおうとしているのである。

では、具体的に、どのようなことが指摘できるか。

「要するに『第一義諦とは仏の因縁法なり』と云ふは浄土の三厳二十九種は如来の願心を因とし永劫の終行を縁として生ずるが故に因縁法といふ、法とは即ち因縁所生の境界を言ふのである」（同上、四四頁）

ここまでは、難儀をするといえども、私としては理解しながら読み進むことができた。続く文章はどうであろうか。

「又言ふべし、法性を因とし修起を縁となす、則ち如来の願行は性を全ふして起るが故に修起は全く是れ性起であつて、浄土の荘厳は全性修起であるから之を因縁法と云ふのである。之を以つて荘厳差別の当相、皆実相涅槃ならざるものは無い。故に般舟讃八丁右には『ひとたび弥陀安養国に到らば畢竟逍遥即ち涅槃なり、涅槃荘厳処々に満つ、色を見、香を聞げば罪障除かる』との給ふ所以である。観経二十七丁右には『諸法実相除滅罪法』と説き給ふ、則ち罪障除滅するは涅槃荘厳なるからである。若し三厳差別の当相是れ法性に依らず、二諦に順ぜず、第一義諦を離れて存在する十七種なる時は、皆是れ虚妄顚倒である。若し又十七種を離れて第一義諦ありとせば、諸法の外に別に実相なかるべからず。大乗善根界豈奚くんぞ然らんや。能入即所入、所入即能入、相即相入、圓融無碍、不可称不可説不可思議の国土なるが故に第一義妙境界と称するのである（同上、四四～四五頁）

ここまでは、浄土のいわば「立派さ」「理想郷」を記述したものと領解する「罪障除滅」の「涅槃荘厳」をいったところである。私のいいたいところは、そんな「理想郷」のことを説明するのに、あえて「荘厳差別」とか「三厳差別」とか、という言葉をなぜ使わなければならないのであろうかということである。「荘厳」には差別はないといったところが経論の処々方々にみられるのではないか。「荘厳差別」という言葉を使うことによって、「荘厳」さが色さめるということを知らないのであろうか。

今日の商業界において、「商品の差別化」という言葉は差別を特徴とか個性という意味で使っているのであろうが、仏教もそれに似た感覚で使ってきた。しかし、今日の慣用される言葉の感覚から、社会性を重んじることも考えなければならない。

「差別を撤廃しよう」という運動と取り組んでいる者には、この言葉にいつも苦々しさを感じている。差別が人間をどれだけ苦しめてきたかということを知らない人が、平然とこれを使っているのである。

だが、その責めを、一人豊水楽勝師に背負わせるのは酷であることを知っている。それは曇鸞の展開した思想であり、真宗教学では、古くからここが大事なことと説法で引用されているところであるからだ。

法蔵菩薩が「五劫の間」修業して「仏」になるまでには、苦いも辛いもことごとく体験しつくして、しかもそれ以後「永劫の終行を縁として生ずる」（同上、四四頁）という程の重みをもったものである。軽々しくここに差別と「荘厳」とを重ねて四字熟語とされているところに、論理の一貫性を欠くところがあると指摘せざるをえない。これは豊水楽勝師、唯一人の問題ではない。しかし、勧学寮頭の立場にまで進まれた人ということになれば、そこで、この言葉を、いかにも「すえとほりたる」ことのように使われていれば、「仏教教説」によい影響は与えない。「仏教の理想郷」は「差別」と相対化しなければ、納得がいかないほどのお粗末なものかということになる。

「真俗二諦」の詭弁を批判する

このあたりで、師の著作を若干遡って整理しなければならない。それは、ここまでに「第一義諦」とか「二諦」という言葉が出てきているからである。「諦」とは、中村元先生の『佛教語大辞典』によれば、「真実として明らかなこと。さとり。あきらめ」とある。

「第一義諦」というのは、やはり、すぐれた真理という言葉である。「不可称不可説不可思議の第一義妙境界」のことをさすものと思われる。いずれにも、清浄国土（仏国）のことを、美化して表現せんとするものである。

では、ここでいう「二諦」とは、二つの真理、一つは前者の菩薩などのみる真理のことで、後者は世俗の凡夫の生活上の真理のことである。つまりは真俗二諦のことということができる。この真俗を相依相対の関係とみて、まるごと肯定し、戦争とか侵略、働く者からの収奪強化など、この現実社会の醜い動きを俗諦として肯定するということが、そもそも仏教の教理を捻じ曲げることになっているのである。「罪障除滅するは涅槃荘厳なるからである。若し三厳差別の当相是れ法性に依らず、二諦に順ぜず」（同上、四五頁）というのであるから、まことに筋の通ったことのように読める。「所謂凡夫人天の諸善」（豊水楽勝『往生論註』一四頁）「法性に準ぜず」「虚偽なり」というのであるから、これまたそれなりに筋の通ったことのように読める。

しかし、豊水楽勝師の仏教思想・真宗理解は揺れている。この『往生論註』の「真宗功徳」の章においては、意味・論理の不明と混乱がみられる。

「荘厳仏事は是れ広門である。而して広は略に入るを以て荘厳の一々の当体が清浄相であるから『清浄の相に入る』といふのである。『是法顛倒せず虚偽ならず』とは真実の義を明かすのである『是法』とは願心荘厳の真実功徳相を云ふ、『顛倒せず』とは法性に依るが故に。『虚偽ならず』とは清浄相に入るからである、之れを名けて『真実功徳相』といふのである。『云何が顛倒せざる法性に依り二諦に順ずるが故に』等と云ふは重ねて牒して真実の義を釈するのである。『法性に依る』とは全性修起を顕し、『二諦に順ず』とは全修是性を示すのである。二諦とは真俗二諦である、法性は真空妙有であるから此を名けて二諦といふ。『云何が虚ならず衆生を攝して畢竟浄に入らしむるが故に』とは、超世の悲願誠諦虚からず衆生をして仏の自内證即畢竟浄に入らしめ給ふが故に不虚偽といふのである」（同上、一五頁）

「有漏の心より生じて法性に順ぜず、所謂凡夫人天の諸善、人天の果報、若しは因、若しは果、皆是れ顛倒なり、皆是れ虚偽なり」から「真空妙有」という概念を挿入し「自内證即畢竟浄に入らしめ給ふが故に不虚偽といふのである」と、考えてみるとここに至って「不虚偽といふのである」と結論づける論理の顛倒ぶりは、いかに「真空妙有」だからといっても整合性はない。この論理の飛躍の中に平然と「俗諦」の不合理（被差別部落の門徒二十数軒を追放など）が演じられる間隙があるということであろう。

さきに述べたところによると、浄土は「二諦に順ぜず」しかるがゆえに荘厳であると仏国土を美化し賞賛しているのにもかかわらず、ここでは奇妙に「二諦に順するが故に」と大胆に、さきに述べたところを否定し、その結論は、やはり仏国土浄土の美化であり、賞賛である。これは論理学的には「二律背反」ということであり「絶対矛盾」というべきところである。

師の考えでは、「二諦に順ぜず」のところで、「女人、根欠」を排除し、その上に立って、「二諦に順ずるが故に」「荘厳、清浄相」のものとなるといっているのではないか。「超世の悲願誠諦虚からず衆生をして仏の自内證即畢竟浄に入らしめ給ふが故に不虚偽といふのである」としめくくっているところが、それである。弥陀の本心（自内證）はどこまでも衆生救済にあるのだからといった具合で、「二諦に順ぜず」して、浄土を清浄といい、「二諦に順ずるが故に（中略）悲願誠諦虚からず衆生をして仏の……」と続くのである。論理的手品というべきか、高尚な言葉で表現すれば、弁証法（否定の否定）の展開のつもりであろうか。しかし、このようなことで現実に振り回される門徒（衆生）は、そのゆえに悲しみ、はかなむのである。門徒排除が「二諦に順ぜず」その後、自内證（心内の悟り・仏の本心）によれば、「変成男子」のような精神的外科手術を施し、救済可能という結論に到達するということであろうか。衆生は、特に被差別者は、翻弄されて右往左往しなければならない。

そのことを、仏性は「真空妙有」であるといって急転直下、俗世間に向けて、俗っぽく結論を出して、「二諦とは真俗二諦である」と、現実肯定、矛盾放置を主張する詭弁に堕しているのである。

このことは、はからずも、教義上の差別をめぐる浄土真宗本願寺派との一回目（二〇一三年七月二十五日広島別院）の協議において、本願寺を代表して答弁に立った坂原英見・本願寺派総合研究所研究員が、答えに窮しながら、今回の事件（「過去帳」開示問題）の教義の分析にあたって、「真俗二諦論のあやまり」が災いしていることを認めざるをえないという意味の発言をしたのである。

真俗二諦を、「ダブルスタンダード」と表現したが、差別肯定、矛盾放置の場合に、その役割を果たすのであって、もし、現実というものを少しでも浄土の方向に近づけようとするなら、真俗二諦でなくて、あるべき位相は真俗一如でなければならない。菩薩の修行が「五劫の間」という長い長い時間を要した「他力の信」における「主体」の確立を問わざるをえない。

豊水楽勝師の寂静寺の「門徒追放」「説法疎外」「寄付金標識の隠し標示」のことなど、この人の無茶苦茶な門徒に対する扱いは、さらに広げて本願寺教団の古い感覚からきた「真俗二諦」の誤てる「他力」論が支えた行動となったものではないかと分析するのである。

七百万年以来、人が猿の仲間から離れ、次第に大脳が大きくなって、判断力、知的理解が進むに従って、行動は「心」や「知的能力」に左右されるようになってきたことは、まぎれもない事実である。

近年進歩を遂げている宇宙開発や、原子力発電所のようなエネルギー開発は、戦争に備えたいとする軍事的要請（まさに人間の意志）が大きな後押しとなっているのは明らかである。原子力発電所の営利本位の利己心のしからしむところとして、今日の福島原発の被害をみなければならないのと同種のことである。

高度に発達を遂げた知的生命体としての人間が生み出し、考え出した「宗教」なるものは、キリスト教においても、イスラム教においても然りだと思われるが、観念的に概念化した「理想世界」を想定して、同じ方向に心をまとめるということに他ならない。心とか意志力とかと人間の行動の相関性を思わないわけにはいかない。

第9章　「是旃陀羅」について

「是旃陀羅」はどのように説かれてきたか

最後にあらためて「是旃陀羅」の問題について論じておきたい。

浄土三部経の「是旃陀羅」なる問題のところを再度確認しておこう。

阿闍世王子が王位を奪わんとして、頻婆娑羅を幽閉し、餓死させようとしていたところを王妃の韋提希夫人が、ひそかに食糧を運んでいたことから、この話は発展する。

「ときに阿闍世、守門のものに問はく、『父の王、いまになほ存在せりや』と。ときに守門の人まうさく、『大王、国の大夫人、身に麨蜜《しょうみつ》を塗り、瓔珞《ようらく》に漿《しょう》を盛《い》れて、もつて王にたてまつる。沙門目連および富楼那、空より来りて王のために法を説く。禁制すべからず』と。ときに阿闍世、この語を聞きをはりて、その母を怒りていはく、『わが母はこれ賊なり。賊と伴なればなり。沙門は悪人なり。幻惑の呪術をもつて、この悪王をして多日死せざらしむ』と。すなはち利剣を執りて、その母を害せんと欲す。ときにひとりの臣あり、名を月光《がつこう》といふ。聡明にして多智なり。および耆婆《ぎば》と王のために礼をなしてまうさく、『大王、臣聞く、〈毘陀論経〉に説かく、〈劫初《こうしょ》よりこのかたもろもろの悪王ありて、国位を貪るがゆゑにその父を殺害せること一万八千なり〉と。いまだかつて無道に母を害することあるを聞かず。王いまこの殺逆の事をなさば、刹利種を汚さん。臣聞くに忍びず。これ梅陀羅なり。よろしくここに住すべからず』と。ときにふたりの大臣、この語を説きをはりて、手をもつて剣を按《おさ》へて却行《きやくぎよう》して退く。ときに阿闍世、驚怖《きようふ》し惶懼《おうく》して耆婆に告げていはく、『なんぢ、わがためにせざるや』と。耆婆、大王にまうさく、『つつしんで母を害することなかれ』と。王、この語を聞きて、懺悔して救けんことを求む。すなはち剣を捨てて止まりて母を害せず。内官に勅語し深宮《じんぐ》に閉置して、また出さしめず」（『聖典』八八～八九頁）

ここに出てくる「梅陀羅」で、部落差別を煽り、僧侶をめざす若き人々を差別の方向に迷わせてきたのである。つまり、仏教＝浄土真宗の名において、部落差別の観念・意識を、僧侶らに植えつけてきたのである。僧侶に植えつけるということは、さらに門徒大衆に、その常識を拡大し、害毒を流し続けたということである。本願寺派教団も、大谷派教団もこのことについては、ほぼ同じ水準で、何百年もの長い歴史の間、日本の善男善女をまどわせ、徳川封建幕府の権力に、からめとられてきたということである。権力は分裂支配の道具として、「士農工商穢多非人」を構造的に位置づけ、その上にあぐらをかいてきたのである。

私の郷里、かつての福山藩においても、歴史上、典型的な事例があった。「天明の一揆」（一七八六年、天明年間のこと）に備後の国一円でおきた事件である。

この一揆は、藩政批判のため二万人の百姓が蜂起したという。現福山市新市町神谷川の両岸に藩兵と百姓一揆側が対峙した。福山藩は、自己の武装勢力たる藩兵の前面に藩内の被差別部落民を押したてて、百姓一揆側の反感と憎意を、うまく被差別部落民の方にそらして、敵愾心を煽ったという事件であった。

当初の藩政批判から、「憎き穢多共、御百姓さまに向いて、不届き千万」と、次第に部落民に対する差別の方に舵を切りかえさせられ、百姓は夜陰に乗じて城下に忍び込み、城周辺の被差別部落に「焼き討ち」をかけたということである。孟宗竹一本、まるごと柱に使っている家は、この部落ではなかったといわれるが、火はまたたくまに、これらの竹を柱に使っていた小屋を焼きつくしてしまったというのである。

私の母は、その福山城下の代表的な被差別部落の出身である。わが身に引きとって、先祖がどれだけ右往左往したであろうかとそのときの悲惨さを想像するのである。

このような分裂支配の時代に、根本経典の『観無量寿経』の中にあのようなことが書かれ、旃陀羅とは、今日の穢多のことであると教団は解説していたのである。残虐非道という他はない。その歴史を引き継ぐ今日の教団や僧侶たちに、心の痛みはないのであろうか。

さて代表的な、それに対する解釈を文献から拾ってみることにしよう。それに先立って全国水平社が、この問題に対してどういう態度をとっていたかを一瞥しておく必要があろう。

全国水平社は一九二二年の創立大会において、東西本願寺に対し「部落民の絶対多数を門信徒とする東西両本願寺が此際我々の運動に対して抱蔵する赤裸々なる意見を聴取し其の回答により機宜の行動をとること」と決議している。つまり、浄土真宗という教団に対して、われわれの運動は決して無関心ではいないということを早々に意思表示をしているわけである。

その後、あの有名な文書となっている西光万吉先輩の『業報に喘ぐもの』という論文において、浄土真宗の説く「業・宿業論」の差別性について、鋭く批判していることは広く知られているとおりである。

だが教団側は、「さわらぬ神にたたりなし」の態度で、一九八四年に至って『差別問題と業論』（本願寺派）という「宿業」観に対する修正意見のようなものを出すまで、全く「知らぬ顔の半兵衛」を決め込んでいたのである。

一九二二年から、十年あまり経った一九三五年のこと、全国水平社委員長の松本治一郎が、衆議院議員に当選した年の『水平新聞』（九号）によれば、「本願寺問題／教壇《ママ》のダラクとインチキを曝露せよ／総本部の準備全く成る」を見出しとした記事が残されている。

一九四〇年（昭和十五）八月二十日発行の「全水大会告知」には「最高主脳部網羅し／東西本願寺と歴史的会談」と見出しがある。

松本代議士ほか井元常任、田中、栗須の両中央委員らが、東西本願寺の幹部らと会談し、「『観無量寿経』と親鸞聖人の和讃にある『旃陀羅』の解釈を適切にせよ」と迫っている。

このとき、本願寺派の梅原執行（当時の役職名）が「よく協議をした上で御趣旨に副ふやうに致したい」と答弁している。

だが、この取り組みは、教団の全般に行き届いてはいなかった。『中外日報』は「全水運動史及び融和運動史に於て所詮歴史的な記録事で懇談内容もさる事ながら会そのものを持ち得たことが今後の本問題進展の上に裨益する所は甚大であらう」と論評している。

だが、小生所蔵の『浄土三部経講義』（柏原祐義　昭和三十九年　平楽寺書店）の文中「旃陀羅」の説明に、運動と教団との、このような取り組みを「どこ吹く風」と、まことに残念な「旃陀羅解説」が旧態依然とした内容で出版されていた。

大谷派から出版された『現代の聖典』（学習の手引き）には、「昭和二十六年ごろから二十九年ごろまで柏原祐義著の『浄土三部経講義』や『三帖和讃講義』から「『穢多・非人といふほどの群をいふ』の部分は削除されている」として、一応文献上の「旃陀羅」解釈については、日本における賤民の末裔たる被差別部落民と同一視することをことさらに活字化することには終止符が打たれているかのような説明がなされている。

しかし、いかんせん私の所蔵する昭和三十九年に平楽寺書店から出版された『浄土三部経講義』に、前に述べたが次のような文言が存在していたのである。

「旃陀羅　梵音チャンダーラ、暴悪《ぼうあく》、屠者《としゃ》などと訳する。四種族の下に位した家無の一族で漁猟《ぎょれう》、屠殺《いぬころし》、守獄《らうばん》などを業《げふ》とし、他の種族から極めて卑しめられたものである。穢多、非人といふほどの群をいふ」（柏原祐義『浄土三部経講義』五二三頁）

人間の脳裏に焼き付いた差別意識・観念というものは、少々の話し合いや会議では、とても関係者に徹底するものでないことを思わせる事例である。

柏原祐義という人は、私たちと京都でしばしば谷口修太郎氏の主宰する宗教研究会に出席されていた柏原祐泉師の父にあたる方で、柏原祐泉師の謦咳に接したことのある私とすれば、父の祐義師は、おそらく、優しい風貌の人に違いないと思っている。格別に日本の部落解放運動に敵意を抱くような人ではないと想像している。だが、普通の善意に生きる人が、昭和三十九年になっても、なお、『観無量寿経』の「是旃陀羅」を日本で現に差別を受けている民衆になぞらえて説明しているというところに、人間のもつ煩悩の根強さを思い知らされるのである。

それには、深い深い歴史性がまとわりついていることに思いをはせなければならない。真宗大谷派発行の『現代の聖典』は、その事実をよく調べて記録にまとめている。

光遠院恵空（一六四四〜一七二一）は次のように書き残している。

「旃陀羅者、日本ノ穢多ノ事ナリ。是等ノ者ハ天性トシテ其ノ性猛悪、不道ニシテ、人皮畜生ノ形相ナリ。爾レバ今、太子、無道ニシテ母ヲ殺サバ、其ノ心其ノ働、背クヲ以テ旃陀羅ト之ヲ責ムルナリ。是レ無道ヲ以テ旃陀羅ニ類スルナリ」（『現代の聖典』三五二〜三五三頁）

一七一一年（正徳一）に恵空が大阪天満の本泉寺で講義された聞き書きにも「旃陀羅、此ニハ、屠肉ト翻ス。即チ穢多ノ事ナリ〔後略〕」

一七一三年（正徳三）、恵空は『浄土和讃講解』の中で「旃陀羅ハ悪者ト云フ。本邦ニ所謂ル穢多ノコトナリ〔後略〕」

大谷派教団は、次のように、このような状況を解説する。

「このように学寮の草創期にすでに大谷派の教学では『旃陀羅ハ日本ノ穢多ナリ』という解釈がはっきりと出ていることが見てとれる。ただ、この解釈が恵空が最初なのかそれとも以前からあったのかについては、いまのところ確認できていない。しかし、東本願寺の学寮ではこの解釈が、この一七〇〇年前後のころに、ほぼ確定していたと見てまちがいがないと思われる」（同上、三五四〜三五五頁）としている。

一八一七年（文化十四）、香月院深励師は「日本ニテイヘバ穢多ト云ヘル如ク常人ノ交際ノナラヌモノナリ」(同上、三五六頁)といっている。

一八二二年(文政五)、五乗院宝景師は、夏安居の講義の中で、「日本ノ穢多ノ如キナリ、道ヲ歩クニハ、自ラ鈴ヲフリ、或ハ割竹ヲ引キ、旃陀羅ナルコト知ラシメテ」(同上、三五七頁)といっている。

一八二九年(文政十二)夏安居で易行院法悔師が、やはり、『観経』の講義で「是旃陀羅トハ、旃陀羅ハ此方ノ穢多ノヤウナモノナリ」とし、「此国ノ穢多ノ簑笠ヲ着テツネノ人ニ差別スルガゴトシ」とつけ加え、さらに「形ヲミレバ人間ナレド、ソノ行ヒハ全ク禽獣ニ同ジキナリ」(同上、三五八頁)と述べている。

一八三五年の夏安居において、香樹院龍嗣師は、『浄土和讃』の講義において「天笠ニハ旃陀羅種性ノ者ハ、人ヲ殺スガ業ナリ。日本デ申セバ穢多ノ類ヒナリ」(同上、三五八頁)と述べている。

宗教というものは、万人救済がその目的ではないのかと、いかに江戸時代のことだとはいっても、その軌道を大幅に外れていることに憤慨の念を禁じえない。

一八五七年(安政四)、備前の国(現岡山県)において、大きな反差別の一揆があった。邑久郡(岡山領)補下・福里村など、八十余村に及ぶものであった。その一揆の内容というのは、藩の方から、「良賤の服装差別」を強行しようとしたことに対する反対運動だった。吉井河原に結集した一五〇〇人が強訴したというもの。「服装差別」は、百姓に対する苛斂誅求の不満を、部落差別の強化によってまぎらわし、ささやかな優越感をいだかせて、年貢の収奪をスムーズにしようとしたものである。歴史的には「渋染一揆」と呼ばれている。政治がこんなことをしているとき、「一切の衆生」を救済するという浄土真宗の高僧らが、何百年も続いて、このような『観経』の「旃陀羅」解釈をして平然としていたのである。

「夏安居」というのが度々出てくるので、中村元先生の『佛教語大辞典』を引いてみる。調べてみると、浄土真宗が毎年、夏（梅雨の間）一カ所にとどまって修行に専心する教団にとって、非常に厳粛な行事とされている。

明治時代になって、周知の「解放令」が出され、一応表面上は、平等の体制に改善されたかのような装いをつくろった。

しかし、浄土真宗は、旧態依然として、この差別思想を相続し続けていた。

一九〇二年（明治三十五）、吉谷覚寿師の『浄土和讃講録』には「旃陀羅とは暴悪人。亦、悪殺、屠殺者の総名、是は人を殺すことを業とする者なり」とある。

昭和二十六年（一九五二）になって、やっと、柏原祐義師の改訂版に、「『つまり昔の印度人のあやまてる種族観念の所産である』と改訂されている」（前掲、三六〇頁）と記してあるが、私の所蔵する同書（平楽寺書店発行）には、明治四十四年の初版のままの文章が使われているのである。

こうして、近・現代に入っても、浄土真宗は、この差別と『経典』の関係を改めようとはしなかった。

僧侶たちの頭に、この差別はこびりついて、相続され続けたのである。このあたりで、もう一度いっておきたいことは、部落差別は人間に対する差別である。人間社会の支配の都合では、それが「女性差別」となり、「障がい者差別」となり、「アイヌ」「沖縄」に対する差別となって具現する。いわば思想体系となるのである。

先述の寂静寺住職・豊水楽勝師の著作や口述記録を読んでみると、その思想体系が、かなり高尚な仏教用語によって脳髄に組み込まれ、抽象的に昇華していると分析できる。

こうなってくると、この人の抽象的な高尚な理論は、この人の采配する発想が行動となる場合、それに相応した差別言辞なり、差別的行動につながっていくのである。寂静寺が、被差別部落民を門徒から追放したという事件は、このような分析をもってはじめて、ことの成り行きが理解できるというものである。

部落解放同盟の三原市協議会関係者はこれを話題として、「そういえば、うちの支部でも、寂静寺に門徒になることを拒絶された」というところが数カ所あり、このような差別的処遇が少しずつ明確になってきているという状況である。

『経典』の差別性の解決は

『経典』に書かれていることは、二千年も長きにわたって伝承されてきたものであるだけに歴史的には重いものである。長い仏教伝道の歴史の間に、このことの理不尽に気がついた者もいたであろう。しかし、ことが「社会意識」(いずれの時代においても支配階級の利益を増進するための思想として権力的基盤をもっている)であるために、教団が支配階級と財政的に結びついて教団組織を維持してきた関係上、ここで問題にすることは至難の業であったに違いない。

だが、この歴史の重みをもつ『経典』が、それでは宗教倫理の価値観に立って許されることであろうかと問うべきものであり、いずれの時期かに決断し、ことを改めなければならない。

しかし、本願寺派にしても、大谷派にしても、その差別性について、今のところ、さまざまな言い訳を繰り返している。それは欺瞞のうえに欺瞞の上塗りをしたもので、宗教的には、さらなる悪業を重ねているのである。ますます仏教用語でいう「真諦」から遠ざかっているというべきである。

仏の立場からすれば、「真空妙有」(豊水楽勝師も『往生論註』の中で使っている言葉)でなければならないはずであるから、それは「真俗一如」であるべきものである。『観経』にいう「是旃陀羅」を、「真俗一如」の立場から読むと、どうしてもこの文言を書きかえ、親鸞のいう論理の一貫性「すえとほりたる」こととしなければならない。そこをごまかして、東西両本願寺は、さまざまな詭弁を弄しているのである。長くなるので、大事なところだけをピックアップしてみることにしよう。

これもすでにふれたが、本願寺派の『浄土真宗聖典七祖篇』の「補註」というところに、長々しくこの「是旃陀羅」について、弁解がましいことが書かれている。実に三千字に近い「補註」である。

それだけに罪の意識の重さを、われわれとしては感じとることができる。だが、そこに書かれている「註」（説明）はすべて差別の上塗りであり、この「註」を読むことによって、平等を求めようとする行動のためのいかなる「衝動」も湧いてこない。われわれの求めるものは、このような差別的『経典』の教説から解放されたいということであり、教団自体が、どのように改訂の方向に舵をとるかということに関心があるのだ。

『マヌ法典』にこう書いていたからと弁明したり、他宗教にその源流を押し付けたりして、表面をごまかそうとしているところもある。「補註」は冗長の感はまぬがれないが、ここに引用の煩をとることにしたい。

「古代インドのカースト社会で、旃陀羅は四姓の身分からもれた卑しく汚れたものとされたグループであった。『マヌ法典』によれば（中略）旃陀羅は梵天から生まれたものではないから、アウトカーストとして人間以下の犬や豚と同じ存在であるとみなされていた。この身分制度は支配者が権力を維持するために、神の名によって権威づけ、人為的につくったものであることはいうまでもない」（『七祖篇』一四〇五～一四〇六頁）

それならば、これをどうするかということが、大慈大悲心からして、当然つぎなる問題とならなければならないであろう。

しかし、現在ただいま自らが法事などで『経典』を、そのままの文言で読み続けているという事実もあって、弁解に終始するといった態度である。

「釈尊が、こうしたインドの社会にあって生れによる貴賤・尊卑という考え方を否定し、一切のものの平等を説き、一人ひとりの人間の行為に注目されたことはよく知られている」(同上、一四〇六頁)『スッタ・ニパータ』のことをいうのであろうが、釈尊も時代の生んだ人間である。この人の行動が終始一貫し、完璧であったかというと、そうともいえない事実もある。

釈尊は、父母と早く死別した。そして母の妹(叔母)に育てられたというが、この叔母が出家しようとしたとき、釈尊は必ずしも、これに賛同しなかったという研究者がいる。母の妹ということで、当然のことながら、仏教のいう「女人」である。「女人」は往生できる機根を有しないという考え方からではなかったろうか。阿難陀が、強くこの釈尊の態度に異を唱え、育ての母たる実の叔母の出家に同意したというのである。

だが、その後の文献には、「女人」が釈尊の教団にあって、さかんに活動したということもあるので、次第にこの「女人」に関する偏見はとりのぞかれ、「すえとほりたる」ことに、釈尊の教えは位置づけられることになったものである。

こうして、一旦は釈尊の平等観を強調して、現実との矛盾を次のように説く。弁解というか、おおよそ、差別(矛盾)解決の意欲は見出せない水準のものである。

「しかしながら、仏教の長い歴史のなかには、『旃陀羅は悪人である』とか、『母をも殺すようなものである』というような言葉を用い、生まれによるとして社会的に差別されている人々を、さらに倫理的にもさげすみ差別してきたこともあった」（同上、一四〇六頁）

ここまでの分析ができたというなら、直ちに『経典』に対するここの文言の削除をし、その他のところでも、この差別思想を増幅させない措置をとらなければならないはずである。

弁解が、ついには親鸞聖人のことにおよばざるをえなくなった。その論理は次の如くである。

「親鸞聖人の『浄土和讃』（七六）に『是旃陀羅とはぢしめて（中略）闍王の逆心いさめける』といわれているのを、『無道に母を害し給ふは、穢多非人の仕業である』と注釈した解説書が、明治以降近年に至るまで存在したのである。このように経典の権威によって、差別を正当化するだけでなく、旃陀羅の存在は過去世の行いの結果であるとされてきた事実をふまえ、『穢多・非人』の存在も過去世の行い（＝宿業）の結果であるとして差別の合理化を支える役割も果たしてきた。こうした差別的な理解が布教の現場でもなされ、旃陀羅を、部落差別を温存し助長する用語として利用してきたことを、われわれは厳しく反省しなければならない。

親鸞聖人が『是旃陀羅とはぢしめて』といわれたとき、『観経』の教説に準拠して、母を殺すような行為は、極悪非道であり、最も恥ずべきことであるということを強調するためであって、旃陀羅を悪人であるときめつけるためでなかったことはあきらかである」（同上、一四〇六～一四〇七頁）

このような論理が通用するとすれば、先年、大谷派の前宗務総長・訓覇信雄師が「同和や靖国の問題にかかわっている暇はない。いましばらくは、清沢満之先生の「『人間とは何ぞや』を究明したい」とした発言も、「同和」問題軽視ではなく、「人間とは何ぞや」の究明をいわんとしているのだから問題はない、ということになるであろう。

問題は、いま人類普遍の原理とされている「同和問題の解決」を他の目的のために軽視してよいのかということである。「それは差別温存の態度ではないか」と、われわれはいっているのである。大谷派は教団としても、訓覇信雄師も、それを差別として認め反省の途についたのである。親鸞はたしかに『経典』の「是旃陀羅」の比喩をさらに援用したというか、そこをなぞらえて和讃を書いたにすぎない。だからといって、それが差別の助長にならないかといわれれば、差別助長として、われわれは教団側に、差別撤廃を申し入れざるをえない。

親鸞の門信徒の立場で教団にいわなければならない。非常に信頼のおける人の言動をこのように盾に使うということは、ますます問題をこじらせることになるということである。

親鸞はその和讃の中に、「是旃陀羅」のことを書いているだけではなく、『教行信証』（行文類）の中にも「女人」のことについてふれている。決して肯定的な意味においてではなく、「女人」劣性をいっているのである。また、親鸞は『入出二門偈頌』においても「女人・根欠・二乗の種初楽浄利華月永く生ぜず」と仏縁とは遠い存在であることを曇鸞と同様な論理で偈っている。

だが親鸞はそのような思想水準にとどまっていなかった。いわば『浄土経』のもつ輪廻観から出てくる差別思想を根本的に清算していることに注目すべきである。それは、親鸞が晩年に書いた『一念多念証文』において、「第十一願成就文の『生被国者』は元来、『かの国に生るれば』と読まれるべきものであるが、親鸞聖人はこれを『かの国に生れんとするものは』と読みかえて、正定聚がこの世のことであることを示された。」(『聖典』「脚注」六八〇頁)ことに端的に表れている。

それなら、『経典』の内容はおかしいが、親鸞聖人が、それに準拠していったことはおかしくないという詭弁になってしまう。要は親鸞自身が、釈尊に源流をもつ仏教を「浄土真宗」の「他力の信」にまとめて、可能な限り「すえとほりたること」にしようとしてきたわけで、後世の者が、その親鸞を絶対視せず、多くの学ぶべきものがこの人の思想の中にあるとの認識に立って、より一層「すえとほりたること」(論理の一貫性)にすることが大事なのである。

親鸞聖人の「宿業」論は、輪廻観に基づく、いわゆる「悪しき業論」ではない。場合によっては、誤解されるような「宿業」という言葉を、あれほどの大著『教行信証』と取り組まれているわけだから、あるいは、あるかもしれないと心配する。

そして、あまりにも有名な『歎異抄』(唯円の書いたものとされている)の中に、著者が使っていることも事実である。すでに述べたが、私は、親鸞の心は「宿業」ではなく、どこまでも「宿縁」であったと思っている。『教行信証』の冒頭に出でくる言葉が「宿」の字を使った熟語として「宿縁」となっているからである。

本願寺派『聖典』の「補註」の過ちは、親鸞聖人は『経典』に準拠していっているにすぎないので、これを差別と判断してはならないという点である。親鸞を思想の充実に生涯努めた人間像として把握しないで、この人を絶対視する過ちを犯していることは、すでに指摘したところである。それと同時に、この「補註」は親鸞の「旃陀羅とはぢしめて」のところにおいて、わざわざ、輪廻的業論にふれて弁解をしているところが、「ひいきのひきたおし」になって、あたかも親鸞が、「悪しき業論」の主論者であったかの如き印象になっていると指摘しなければならない。

親鸞聖人には、『歎異抄』に唯円が書いている言葉として「卯毛・羊毛のさきにゐるちりばかりもつくる罪の、宿業にあらずといふことなしとしるべし」とある。

どんな塵ほどの小さい果報でも、「宿縁」にかかわらないものはないと、きわめて深い人生論というか、哲学的に人間生活なるものを分析している。それは人間の内省・自省の問題であり、ひいては、人間主体の確立である。あえていうなら宗教ならではの「主体確立」の水準のことなのである。「機法一体」という宗教用語があるが、「機の深信」のことということができよう。

このように、親鸞の思想を評価しなければならないのであって、その権威を盾に使って、当座自分たちが直面している矛盾を糊塗することは許されないのである。

真宗大谷派の考えは

大谷派は、これについてどう考えているのか。大谷派も、この「是旃陀羅」については、早くから頭を痛めていたようである。『現代の聖典』（学習の手引き）（一九九九年、教学研究所）によって、それをみることにする。

大谷派は、まず宗祖・親鸞だけは無傷なところに置きたいとしているようである。つまり、『観経』の「是旃陀羅」の比喩をどのように受け止めていたか。差別を是認していたかどうかに論点を絞って、それへの弁解の論理を構成することに努めている。

それは、「耆婆・月光ねんごろに　是栴陀羅とはぢしめて　不宜住此と奏してぞ　闍王の逆心いさめける」という和讃の中に、「是栴陀羅」という表現をしていることは事実としても、そこに親鸞の「旃陀羅」に対する差別意識があってのことかどうかは疑問であるというところから始まっている。

「『是栴陀羅とはぢしめて』という部分は、『耆婆月光』の言動を直叙されているのである。ただ『…ねんごろに』という副詞句に、まったく感情が入っていないともいえないのではないかということも考えられるが、この場合、二つ考えられる。一つは月光大臣の諫言の仕方が『ねんごろ』であるということと、もう一つ月光大臣の諫言の仕方が親鸞聖人からみて非常に『ねんごろ』であると見えるということである。後者の場合だと、たしかに親鸞聖人の感情が入っていることになるが、さきに述べたように第一首目から第五首目までの叙述の仕方から見て、前者であると考えられる」（『現代の聖典』三七〇頁）と実に回りくどい論法を展開しているのである。

しかし、この『手引き』を数年前に読んだとき、このような説明をいくらしても、それは、差別撤廃を願って運動を続けている者に対する説得にはならないという思いを抱いた。

私はこの『手引き』の余白に次のようにメモ書きをしておいた。今回本書執筆にあたって、そこを読み返して目についたので、ここに書きとどめておきたいと思った。

「同一文言（是旃陀羅）は、そこに主観的な意図がどうあろうとも、やはり認識論的には、同一思想を伝えることになる。その言葉は多くの門信徒の間に流通し、読み続けられるものであるから、原意の『身分差別』の感情と思想は増幅されることになる」

まるで、これに対する回答でもあるかのような文章を、この『手引き』の中にみることができる。

「『浄土和讃』は国宝本の『高僧和讃』の奥書によれば、宝治二年（一二四八）一月二十一日に書きあげられているので、そのとき七十六歳であったことになるが、聖人はこの歳まで『旃陀羅』について知られなかったのであろうか。いや、そうではない。知っておられた。実は、聖人の注記されているものの中に一度出てくるのである。それは、その四十年以上前の吉水時代の聖人の学習の記録と言われている『観無量寿経集註』においてである。

『観無量寿経集註』は中央部分に『観無量寿経』本文が書かれ、その上下つまり頭註脚註ならびに、行間の側注のかたちで主に善導大師の『観経疏（四帖疏）』が引かれ、他に『往生礼讃』『観念法門』等がびっしりと書き込まれているのである。その精緻さ細密さと根気と持続の情熱には見るものは圧倒され息苦しくなるほどである。聖人は経文『不宣住此』に対する善導大師の注釈の部分である『一者王今造悪不存風礼、京邑神州豈遺旃陀羅為主也。二者…（以下略）（一には（王いま悪を造って風礼を存せず、京邑神州あに旃陀羅をして主ならしめんや。二には…（以下略））』を引いて右側に側注されている。ここに『旃陀羅』が出てくる。しかしその直前の『旃陀羅解』すなわち『是栴陀羅』者乃是四姓下流也。此乃性懐匂悪不閑仁義雖者人皮行同禽獣。（『是栴陀羅』というは、すなわちこれ四姓の下流なり。これすなわち性匂悪を懐きて仁義を閑わず、人皮を著けたりといえども、行禽獣に同じ。）』という善導大師の『旃陀羅解』そのものは注として引用されていない。当然これを読み『旃陀羅』の〈意味〉をここで知られたはずの聖人が、なぜ註記として書き込まれなかったのか。これは一つの謎である。この謎を解くことによって、聖人の『旃陀羅』という言葉に対してどう考えておられたかについての何らかのてがかりが見えてくるのではなかろうか」（同上、三七〇〜三七一頁）

親鸞聖人が善導大師の差別的註解をメモとしてとっていないということを述べることによって、「旃陀羅とはぢしめて」の和讃の問題を単なる「直叙」しただけということにしたいのであろう。親鸞ほどの人に、これを直叙して、後世の人に読まれた場合、当然ながら、善導の差別的註解とあわせ読まれるであろうとの判断はできたはずである。自分だけ「手を汚さなければよい」という浅はかな考えを親鸞聖人がもつはずはない。

大谷派は弁解よりも、まず、この「是旃陀羅」＝「日本の穢多である」という説法をどうするかと考えるべきで、「問うに落ちず、語るに落ちる」ということになると知らなければならない。

少なくとも親鸞は、「旃陀羅」に対する仏教徒の主流が、これに対して差別的見解をもっていたことを知っていたのである。親鸞思想の正当性を弁解するなら、親鸞が、その生涯において、人間平等ということを考えて、どのような発言をしていたかを確認することの方が、はるかに大事なことである。

たとえば「いし・かはら・つぶてのごとくなるわれらなり」(『唯信鈔文意』)に、最底辺の人々とともにあることを述べられ「われらなり」と表現されていることに、この文章の重みがある。『浄土和讃』は七十六歳のときのことである。『唯信鈔文意』が七十八歳のときであることは、親鸞思想の歩みの中に、小さな出来事といえなくもないが、さきの弁解よりも、過ち多き「煩悩具足の凡夫」として「いし・かはら・つぶてのごとくなる」旃陀羅の人々とともにある「われらなり」によって、内省・自省をしている姿とみるのである。弁解でなく、「すえとほりたる」ことになりたいとする一途な親鸞思想の歩みの中から学ぶということの方が、はるかに説得力をもつものと私は考える。

経書・経典は「不磨の大典」の扱いでよいのか

たしかに、仏典は二千年来の歴史をもつ。それだけに、そこに書かれていることを、後世の人が論理にあわないとか、時代の風潮にあわないとかで、簡単に変えうるものではない。

しかし、この問題の本質からいって、仏典のように高度に人間の精神生活に整合性を求められるものは、その時代々々に敏感でなければならない。

ここに一冊の仏教書がある。植木雅俊という人の書いた『仏教、本当の教え』（中公新書）、「インド、中国、日本の理解と誤解」という副題のついたものである。その帯に書かれた文章が、私の気を引いた。

「壮大な伝言ゲームの果てに」というもので、「二五〇〇年、五〇〇〇キロ、ブッタの教えはどのように伝わったのか」と書かれている。以上は帯の表書で、帯の裏には、「紀元前五世紀のインドで生まれた仏教。中国では布教に漢訳の経典が用いられたのに対し、日本は漢文のまま経典を輸入した。両国においてサンスクリットの原典は、ほとんど顧みられていない。中国は漢訳ならではの解釈を生み出し、日本では特権的知識階級である僧が、意図的に読み替えた例もある。ブッダの本当の教えをサンスクリット原典から読み解き、日中両国における仏教受容の思惑・計算・読解を明らかにする」というものである。

植木雅俊という人は「一九五一年　長崎県生まれ　九州大学大学院理学研究科修士課程修了。東洋大学大学院文学部研究科博士後期課程中退。お茶の水女子大学で人文科学博士号を取得。九一年から東方学院で中村元氏のもとでインド思想・仏教思想論、サンスクリット語を学ぶ」という経歴の持ち主である。

聞くところによると、『法華経』の研究に取り組まれた人のようである。しかし、ここでは、それより広く仏教論と取り組まれたということで、以下、この人の説をたどりながら、われわれが、いま「是旃陀羅」の問題でいかなる態度をとるべきかについて、苦悩していることの解決策に、そのヒントを得たいと思っている。

すでに広島県の同朋三者懇話会においては、このまま「是旃陀羅」なる文言と論理で放置しておくわけにはいくまいと、三者の間で意見の一致をみている。これまで経典の文言は、釈尊の思想を言葉で伝えたもの「如是我聞」（われはかく聞きたり）として、後世の者の手をつけてはいけないものとされていた。しかし、いま大胆に、「このまま放置していてはいけない」との合意をみるに至った。これを、本願寺教団の中枢部に、その同意をうることと、あわせて、浄土真宗の全教団に働きかけて、同意をうることが必要である。

かすかに、針の穴ほどの明りをみるところに到達したということである。

しかし、困難なことのようではあるが、浄土真宗の教義が、この経典の差別的、非人権的なことを親鸞が説くように「すえとほりたること」にする取り組みであるのだから、この目的を成就することになれば、浄土真宗はますます多くの人から信仰の対象として、その支持を拡大することは疑いを入れない。

「不磨の大典」というのは戦時、大日本帝国の明治憲法や、教育勅語などのことを、「すりへることのない」不変のものという意味で使っていた。その権力が戦時中には、「主上臣下、法に背き義に違し、忿りを成し怨みを結ぶ」という『教行信証』における親鸞の文章を「主上臣下」といえば、「天皇とその家来」ということになるため、単純に「天皇の家来」と改訳して、ここを読ませ、天皇そのものに対する批判でないように読み替えていた。

経典の歴史性を問う

そんなことを甘んじてやっていた浄土真宗の教団のことである。親鸞思想のさらなる発展のために論理の一貫性を求め「すえとほりたること」にすることになんの躊躇があろうか。広島県の同朋三者懇話会における取り組みが、ますます拡がって、長らくの『観無量寿経』のもっている負い目をすみやかに解決すべきときなのである。

植木博士の『仏教、本当の教え』は背表紙には「ブッダの言葉は届いたのか」という文字もつけ加えている。この人は仏典『経典』によって伝えられている仏教思想とか、それを表現するものが、経過があいまいで、翻訳のときの時代背景によって、内容も曲げられていることを明らかにしようとしているのである。

そもそも釈尊本人の書いたものは残されていないという事実から、この問題は掘り下げてみなければならない。

「仏教では、聖典の編纂会議を『結集《けつじゅう》』と呼ぶ。このときの結集には五〇〇人の比丘が集まったと言われている。会議の場所は、北方インドの都ラージャガハ（王舎城。釈尊の布教の中心地の一つ）の郊外に設けられ、二人の暗誦者を中心に釈尊の教法への記憶が確かめられ、教説の共有性が確立したと律蔵の中に記されている」（『仏教教典の世界』三頁）

おそらく釈尊が死亡してから、五十年後ぐらいに第一回の結集が行われたものと思われる。「暗誦者」の登場がなければ、後の世に、これを文字に書き残すことができない。その「暗誦者」の存在ということでは、日本の『古事記』が稗田阿礼がそらんじていたものを太安万侶が筆記したということになっていることと符合する。稗田阿礼が、どの程度のことを語ったのか知らないが、これを執筆するものの社会的立場が、かなり粉飾して事実を曲げたり、捏造したりしたであろうことは、容易に想像がつく。日向の高千穂の峰の天孫降臨の物語についても、神武天皇即位が事実だと仮定して、二千六百七十有余年前である。天孫が降臨したのが、それ以前の二、三百年前としても、あの高千穂の峰が一望できる鹿児島県の上野原縄文遺跡には、九千五百年昔の集落跡があるが、そこに住んでいた人が、天孫降臨という空中行列をどう見たであろうかと思うとき、バカバカしくてものがいえない。話をもどそう。第一回結集によって、五百羅漢らは釈尊の教えというものについてどの程度合意したのであろうか。

第二回目の結集は「仏滅後一〇〇年頃と言われる。この時は、戒律上の一〇カ条の問題（戒律違犯か否か）を契機として開かれ、開催地に因んで、ヴェーサーリー結集と呼ばれている。このようにして編纂された仏典も数百年間は、依然として暗記によって保持され、文字に写されることはなかった。では、原典と呼ばれる経典はどのようなものであろうか。結論から言えば、それは元の経典、すなわち各国語に翻訳される以前の経典ということである。したがって、必然的にインドの言語による経典が中心になる」（同上、三頁）。

このように考えねばならないであろうが、実に、現在の『経典』といわれるものには、曖昧模糊たるところがあると疑わねばならないということである。

いま問題としている「是旃陀羅」の『観無量寿経』についても、この『仏教経典の世界』は、実に大胆なことをいっている。

「したがって、経典を読む場合には、その経典の戸籍しらべを怠たれないということになる。しかし、これがまた厄介な問題をはらんでいる。すなわち、経典は、すべて釈尊が説いたものとされ、他の作者名が記されることがないからである。具体的に言うと、釈尊の入滅後数百年を経過して書かれたことが明らかな経典であっても、釈尊の教説を信仰上正しく継承しているという立場を標榜して、『このように私は（仏から）聞いた』という出だしで始められている。したがって、経典自身は、いつ、どこで作られたかについて、何も語ろうとしない。この意味から戸籍が不明な経典の一つに、日本でなじみ深い『浄土三部経』の『観無量寿経』がある。同経は、いまだにインドで作成されたものか中央アジアあるいは中国で成立したものか判断できずにいる。すなわち、インドの梵文原典やチベット訳が見当たらず、漢訳とウイグル（中央アジア系民族）文の断簡が存在するのみという状況下にあるため、その戸籍が疑問視されているからである。このように、慣れ親しんでいる経典といえども、出生が謎の帳に閉ざされているものも少なくない、というのが経典の置かれている一つの特徴と言える」（同上、二〜三頁）

ここに最大の関心事となる『観無量寿経』が、いつごろ誰の手によって書かれたものか、釈尊の教えのとおりに書いているかわからぬという研究者の文章に目を通して、それを「不磨の大典」のごとくに『経典』だからと、しがみついている愚かさに、がっくりさせられる思いである。

この『仏教教典の世界』の執筆者は、その個人名を特定することはできないが、この書物の巻末に『浄土三部経』関係に、中村元、坪井俊映師ら著名な学者の名前が連ねてあった。信用すべき文章ではないかと思っている。

『浄土三部経（下）　観無量寿経・阿弥陀経』（中村元・早島鏡正・紀野一義訳註となっている岩波文庫）にも、その「凡例」に「漢訳文の意味を解りやすく伝えるために、まず漢文を現代語に邦訳したものを掲げた。この経典のサンスクリット原文が発見されていないために、このような処置をとらねばならなかった」（九頁）とあるので、さきに引用した『仏教経典の世界』に記されている『観無量寿経』が「戸籍不明」ということの裏打ちが、私なりに重ねてできたという思いである。

「是旃陀羅」が、釈尊の真説かどうかは、きわめて疑わしいことになっている。「是旃陀羅」問題について、被差別の立場にある者としていいたい。浄土真宗の教団は、どうして今日まで、これに固執してきたのか、親鸞思想の評価にまで話が及び、それを盾にして、いつまでも墨守しなければならないのかと。

二重三重の課題と変形の積み重ね

『経典』から伝播してくる道すがら、どのようなことがあったかについては、さきに紹介した植木雅俊の『仏教、本当の教え』に詳しい。

インド・中国の歴史（カースト制度など）がもたらす「社会意識」のありようによって、筆をとるものは、自己の常識に沿ったようなことを書く可能性がある。

「サンスクリット語では『母と父』という順番になっている。ところが、漢訳段階では、『父母』と順番が入れ換えられた。中国は儒教倫理の国、男尊女卑の国であるから、『女性を先に言うなんてとんでもない』というので入れ換えたのだろうと思われる」（前掲書、七四頁）

つまり、ここでは男性が女性より優位な立場にあるとする「社会意識」が微妙に働いて、漢訳時に改変されている事例ということになる。

「『父と母の順番ぐらい、どっちでもいいではないか』という方もいらっしゃるかもしれないが、次の例は致命的である。パーリ語で書かれた仏典には、シンガーラという在家の男性に、六種類の人間関係の在り方について教えたところがある。その中で、夫の妻に対する在り方として『夫は妻に五つのことで奉仕しなければならない』とある。『五つのこと』として、まず『尊敬しなければならない』とあり、次に『女性の自立（主権）を認めよ』とある。

インドには、紀元前二世ごろから成文化され始めた『マヌ法典』があって、そこに『三従』が説かれている。女性は、①子どものときは親に従え、②結婚したら夫に従え、③年老いたら息子に従え、―というものだ。儒教の中国だけでなく、バラモン教のインドでも全く同じことが『マヌ法典』に説かれていた。その中に女性は自立するには値しないとか、家事のことですら自立するに値しないということも書かれている。それから比べると、この五つの奉仕の中の『女性の自立を認めよ』とあるのは、画期的な男女平等思想の表明ではないかと思う。

そして『宝飾品を買い与えよ』ということも出てくる。インドで宝飾品は、装飾のためにというよりも財産という意味が強い。世界ではじめて女性の自立と財産権を認めたのは、釈尊だったのではないかと思う。筆者の博士論文『仏教のなかの男女観』ではそういうことも論じた。ところが、その教えが漢訳される段階でどうなったかというと、奉仕するのは一方的に妻の側に限定されて、『婦が夫に事うるに五事あり』（『大正新脩大蔵経』巻一、二五一頁）とされてしまった。中国では、そういう翻訳の改変があったのである」（同上、七五～七六頁）

「インドでは、プンダリーカやパドマなどから『因果同時』、あるいは『因果倶時』といったことが強調されたことはないようである。インドで強調されたのは、『如蓮華在水』、『蓮華不染』ということだった。蓮華というのは、汚い泥から出てくる。その汚泥に染ることなく清らかな花を咲かせる。あるいは、蓮の葉というのは撥水性があって、水をはじく。決して水に染まることはない。そういう性質をインド人は愛でたのである。日本でも『万葉集』に蓮を詠った歌が四首ある。その一つに、ひさかたの雨も降らぬか蓮葉に溜れる水の玉に似たる見む（巻一六・三八三七）がある。意味は、『雨が降ってこないかなあ、蓮の葉にたまった水が玉のようになっているところを見たいものだ』である。これは蓮の葉の表面に生えた〇・〇一ミリの毛の撥水作用のことを詠ったもので、これは、インドの『蓮葉不染』と同じである。しかし、万葉の和歌に葉の上で光を反射しながら転がる水玉の美しさと、不思議さを素朴に詠ったもので、仏教とは関係がない」（同上、七九〜八〇頁）

ここを読むだけでは狐につままれたような気持ちになるであろう。要は、植木博士の説くところは、インドではプンダリーカを中国で「蓮華」と訳したことの後々にひびく影響を、もともとのパーリ語やサンスクリット語とでは響きが違ってくるということをいわんとしたもので、「いったん、『蓮華』と漢訳されると、今度は『蓮』と『華』の二つに分けて、『蓮』というのは蓮の実のこと、「華」というのは蓮の花のことだとされた。花が咲いて実がなることから、『華』が『因』で、『蓮』が『果』とされた。それを、衆生から仏になるという関係に当てはめて、衆生が『因』で、仏が『結果』であるとされた。その上で、蓮華の花と実が同時になるということに注目した。しかし、それは蓮の花に限ったことではない。生物学的に言えば、すべての植物は花と実が同時になっている。花が咲いたときに雌しべの中に子房ができているからだ。しかし、蓮の花というのは、漏斗の円錐形の実（花托）が目立つものだから、花と実が同時になることが強調されたのであろう」（同上、七八～七九頁）と述べている。

仏教にいう「同時因果」とか「異時因果」という概念の進展に、漢字における翻訳過程で、概念の深化が、このように比喩の材料となったプンダリーカ「蓮華」という文字によって、もともとの発想からはずれ（この場合は、はずれたというより深化した過程と私は読む）、異なることになるという事例として上げられたものである。

ともかく、長い歴史、広範な地域や国を通って伝播した仏教思想は、さまざまな変容を遂げたものとしなければならない。

歴史上、いつごろできたものか、誰によって執筆されたものかわからない『観無量寿経』の差別文言を、後生大事に守り通さねばならない理由は存在しないということを私としてはいいたいのである。

あとがき

忙しい日程の合間を縫って、とにもかくにも、仏教界に訴えたいことを書いた。仏教界といっても、とりあえずは、われわれが門信徒である浄土真宗のことである。

あからさまに『経典』に「是旃陀羅」と書き、その「旃陀羅」とは、日本でいうところの「穢多・非人のこと」だと解説されて、よくもこれまで被差別関係者、解放運動の当事者が、我慢し辛抱していたものだと思う。

一方、宗教界はわれわれに、異なる形で差別の刃を向け続けてきた。「差別法名」「差別墓石」がそれである。最近になってやっと「差別法名」に関連して、『過去帳』の閲覧禁止となった。しかし、教団と、各寺院において、それをしっかり守っているかというと、甚だ疑問である。疑問を抱かしめるような事件が、一昨年、ＮＨＫの「鶴瓶の家族に乾杯」という番組において、『過去帳』と同じ性格をもっている帳簿をみせる場面が放映され、われわれに知らされることとなった。

ことが宗教の問題であり、きわめて高い精神的基調をともなう宗教家のやることであるところに着目し、この問題の解決については、単に社会的な善悪の問題とするだけでなく、二千数百年も続いた仏教教義の問題との関連において、事件のありようを検討しようと、浄土真宗本願寺派と話し合いをはじめた。

多少は「悪びれたところ」が表情に表れるかと思って対応したが、平然としていて、仏教のもつ差別性について、反省の色を示しているようにはみえない。

非常にもどかしさを感じると同時に、浄土真宗なるものに不信感を増幅させているというわけである。

本願寺教団を相手どっての議論が中心でなければならないが、やはり一般世間の識者にも訴え、この深刻さを知ってもらわねばと考えるようになった。

一つには、『経典』の中に、「是旃陀羅」とか、「女性、障がい者」を公然と差別する文言があることの事実を世間に訴えるということ、二つ目には、今回直接、この問題のきっかけとなった事件の当事者というか、寺院のこれまでとってきた被差別部落に対する仕打ちと、その寺院の中心人物、僧侶の教義理解について、問題を感じるところがあるので、そのことも世間に考えてもらう機会を提供しようとしたものである。本書執筆の動機はそこにある。だが、われわれは、部落解放運動の精神に照らして、ここが問題だという提起をしているに過ぎない。難しい仏教用語をもって展開している宗教論・宗教哲学に対しては、執筆しながらも心もとないところがあったことは事実である。

しかし、今回の「過去帳」開示問題を機縁として、訴えるだけは訴えなければならないという運動的執念のようなものが、筆を走らせた。

われわれの思うところに「邪見」があれば、宗教界からの率直なご批判を賜りたいと思っている。いずれにしても、被差別者の苦痛は、被差別者が立ち上がって解決しなければ、他者がすすんで、解決の方策を講じるということは期待できないし、そんなことに手をこまねいていたのでは、解放運動の「主体性」はどこにあるのかということになる。

釈尊が命果てる直前に阿難にいった言葉だと伝えられているものに、「自帰依」というものがある。「自帰依」は「自己による」ということである。そして、この「自帰依」がひとり合点であってはならないとして「法帰依」ともいわれたという。つまり道理に叶うようなことでなければ「自帰依」といっても、自分勝手ということになってしまう。

人間は、どこまでも自然界から生まれ出て、自然界へ還っていくものである。自然の法則（動き発展する法則）のらち外にあるものではない。幸いに、仏教は、その自然ということを究明しようとする姿勢に信心を合致させようとするところがある。そのゆえに、「教義」を中心に、差別撤廃を教団に取り組んでもらいたいと願っているというわけである。

これまで宗教界の引き起こした差別事件のことも、全国レベルでの数々の事件のことも、部落解放同盟中央本部の中央執行委員とか中央書記長とか二十数年間も務めたこともあって、よく知っている。それと同時に、宗教界が「同和問題にとりくむ宗教教団連帯会議」という組織を作り、「部落解放基本法」制定運動に取り組んで、協力してもらったことも知っている。

しかし、協力する側の宗教界も、協力してもらっている解放運動側も、両者の間にもやもやした霧がたちこめていた感はぬぐえない。社会運動と宗教運動のそれぞれの独自性というか、主体性というもの、特に協力する側の宗教界にいま一つ、わりきれないものがあったのではないか。

「信心の社会性」という機運が高まってくるかと思うと、「信心第一主義」という、それに反論じみたものも出てくる。

やはり徹底して、社会的矛盾と、信心の「大慈大悲心」というものとの関連性が正しく把握されなければ、「自己を制し、他人を利益し、慈しみに満ちていることが法である。それは今世においても、後世においても、果報を生み出す種子である」（『プラサンナパダー』第三〇三偈）とはほど遠いものになる。

このくだりは第9章でふれた植木博士の著作からの孫引きである。私のいいたい「自帰依」と「法帰依」が一体であると釈尊の遺言として仏教が教えているということを、古い文献の中に書かれていると植木博士が著している。

ともかく、一日も早く仏教界、当座は浄土真宗が釈尊や宗祖の心にたちかえって、世の中の真の「安穏」のために、「すえとほりたる」説教を拡げていかれることを願ってやまない。

拙い文章で読みづらい点もあろうかと自省の念にかられつつ、それでも、ともかく脱稿することを得て、何とか上梓するところまでことが運んだ。部落解放同盟広島県連合会書記局の岡田英治さん、山下直子さん、芝内清恵さん、広島部落解放研究所・宗教部会の平田美知子さんに絶大な援助を頂いたことを深く感謝する次第である。出版社の明石書店・石井昭男社長の労にもありがたく感謝の意を表示する次第である。

二〇一四年一月

〈著者紹介〉

小森龍邦（こもり　たつくに）

1932年、広島県府中市に生まれる。広島県青年連合会会長、部落解放同盟広島県連合会委員長、部落解放同盟中央本部書記長、世界人権宣言中央実行委員会事務局長、「部落解放基本法」制定要求国民運動実行委員会事務局長、「反差別国際運動」（IMADR）理事、衆議院議員（2期）などを務める。

現在、同朋三者懇話会（部落解放同盟広島県連合会・浄土真宗本願寺派安芸教区・備後教区）代表世話人（1988年〜）、部落解放同盟広島県連合会顧問（2004年〜）、一般財団法人ヒロシマ人権財団理事長（2006年〜）

主な著書

『差別と疎外からの解放――社会意識としての差別観念』（亜紀書房、1973年）
『解放理論と親鸞の思想――疎外の苦悩から無碍の一道へ』（解放出版社、1983年）
『人間・阿部正弘とその政治――危機の時代を生きる発想』（明石書店、1985年）
『業・宿業観の再生――人間復権への宗教的試論』（解放出版社、1988年）
『宿業論と精神主義』（解放出版社、1993年）
『人間に光あれ、再び――部落差別の現実にどう対処するか』（BOC出版部、1994年）
『差別と人権を考える――部落差別・民族差別に向きあって』（明石書店、1995年）
『蓮如論――問いかける人権への視点』（明石書店、1998年）
『解放運動夜話　わが回想の記（第1集〜4集）』（部落解放同盟広島県連合会出版部、2001〜2002年）
『広島発　平和・人権教育』（明石書店、1999年）
『解放理論とは何か――再び「三つの命題」を考える』（部落解放同盟広島県連合会出版部、2008年）、他

親鸞思想に魅せられて——仏教の中の差別と可能性を問い直す

2014年2月25日　初版第1刷発行

著　者　小　森　龍　邦
発行者　石　井　昭　男
発行所　株式会社 明石書店
〒101-0021　東京都千代田区外神田6-9-5
電　話　03（5818）1171
FAX　03（5818）1174
振　替　00100-7-24505
http://www.akashi.co.jp
組版／装幀　明石書店デザイン室
印刷／製本　モリモト印刷株式会社

（定価はカバーに表示してあります。）　ISBN978-4-7503-3964-1

現代アメリカ移民第二世代の研究 移民排斥と同化主義に代わる「第三の道」
世界人権問題叢書86 アレハンドロ・ポルテス、ルベン・ルンバウト著 村井忠政訳 ◉8000円

ナチス時代の国内亡命者とアルカディアー 抵抗者たちの桃源郷
世界人権問題叢書85 三石善吉 ◉3200円

オーストラリア先住民の土地権と環境管理
世界人権問題叢書84 友永雄吾 ◉3800円

人権の精神と差別・貧困 憲法にてらして考える
世界人権問題叢書83 内野正幸 ◉3000円

カナダへ渡った広島移民 移民の始まりから真珠湾攻撃前夜まで
世界人権問題叢書82 ミチコ・ミッヂ・アユカワ著 和泉真澄訳 ◉4000円

在日外国人と市民権 移民編入の政治学
世界人権問題叢書81 エリン・エラン・チャン著 阿部温子訳 ◉3500円

障害者雇用と企業経営 共生社会にむけたスピリチュアル経営
世界人権問題叢書80 狩俣正雄 ◉3300円

中東・北アフリカにおけるジェンダー イスラーム社会のダイナミズムと多様性
世界人権問題叢書79 ザヒア・スマイール・サルヒー著 鷹木恵子ほか訳 ◉4700円

アメリカ人種問題のジレンマ オバマのカラー・ブラインド戦略のゆくえ
世界人権問題叢書78 ティム・ワイズ著 脇浜義明訳 ◉2900円

アフガニスタンのハザーラ人 迫害を超え歴史の未来をひらく民
世界人権問題叢書77 サイエド・アリー・ムーサヴィー著 前田耕作、山内和也監訳 ◉6000円

エイズをめぐる偏見との闘い 世界各地のコミュニケーション政策
世界人権問題叢書76 A・シンガル、E・M・ロジャーズ著 花木亨、花木由子訳 ◉5500円

離婚と子どもの幸せ 面会交流・養育費を男女共同参画社会の視点から考える
世界人権問題叢書75 日本弁護士連合会両性の平等に関する委員会編 ◉2500円

ブラジルの人種的不平等 多人種国家における偏見と差別の構造
世界人権問題叢書74 エドワード・E・テルズ著 伊藤秋仁、富野幹雄訳 ◉5200円

アメリカ黒人女性とフェミニズム ベル・フックスの「私は女ではないの?」
世界人権問題叢書73 ベル・フックス著 大類久恵監訳 柳沢圭子訳 ◉3800円

ドイツのマイノリティ 人種・民族、社会的差別の実態
世界人権問題叢書72 浜本隆志、平井昌也編著 ◉2500円

ビルマ仏教徒 民主化蜂起の背景と弾圧の記録 軍事政権下の非暴力抵抗
世界人権問題叢書71 守屋友江編訳 根本敬解説 箱田徹、シーモア・ダニエル、ビルマ情報ネットワーク翻訳協力 ◉2500円

〈価格は本体価格です〉